TRANSGERACIONALIDADE/ INTERGERACIONALIDADE

Blucher

TRANSGERACIONALIDADE/ INTERGERACIONALIDADE

Holocausto e dores sociais

Ana Rosa Chait Trachtenberg

Transgeracionalidade/intergeracionalidade: holocausto e dores sociais

Edgard Blücher Ltda.

Publisher Edgard Blücher
Editores Eduardo Blücher e Jonatas Eliakim
Coordenação editorial Andressa Lira
Produção editorial Alessandra de Proença
Preparação do texto Helena Miranda
Diagramação Thaís Pereira
Revisão de texto Raquel Lima Catalani
Capa Laércio Flenic
Imagem da capa Ana Rosa Chait Trachtenberg. Registro feito em Auschwitz, Birkenau, Polônia, em julho de 2023

Blucher

Rua Pedroso Alvarenga, 1245, 4º andar
04531-934 – São Paulo – SP – Brasil
Tel.: 55 11 3078-5366
contato@blucher.com.br
www.blucher.com.br

Segundo o Novo Acordo Ortográfico, conforme 6. ed. do *Vocabulário Ortográfico da Língua Portuguesa*, Academia Brasileira de Letras, julho de 2021.

Dados Internacionais de Catalogação na Publicação (CIP)
Angélica Ilacqua CRB-8/7057

Trachtenberg, Ana Rosa Chait

Transgeracionalidade, intergeracionalidade: holocausto e dores sociais. / Ana Rosa Chait Trachtenberg. - São Paulo : Blucher, 2023.

p. 234
Bibliografia
ISBN 978-85-212-2131-9

1. Psicanálise 2. Psicopatologia 3. Família – Aspectos psicológicos I. Título

23-5346 CDD 150.195

Índices para catálogo sistemático:
1. Psicanálise

Conteúdo

Prefácio

Yolanda Gampel[1]

No es que lo pasado arroje luz sobre lo presente,
o lo presente sobre lo pasado, sino que imagen
es aquello donde lo que ha sido se une como un
relámpago al ahora en una constelación.
(Walter Benjamin)

Este livro que Ana Rosa Trachtenberg nos escreveu a partir de sua experiência emocional e do destino que teve de viver nos coloca em contato, como psicanalistas e cidadãos do mundo, com dois casos de traumas coletivos, eventos destinados a prejudicar a população sob o signo do medo ou terror que nós chamamos *de violência político-social.* Ela se inscreve como catástrofe no corpo, no psiquismo e na alma do indivíduo, como história e como transmissão: o Holocausto, como acontecimento catastrófico do século XX, e a

1 Psicanalista titular, com função didática, da Sociedade Psicoanalítica de Israel, professora na Universidade de Tel Aviv, ganhadora do Prêmio Sigorney (2006) e do Premio Hayman (2001). Autora do livro *Esos Padres que vivem através de mi* (2006), publicado pela editora Paidós.

escravidão no Brasil, que durou séculos, patrimônio silenciado que grita na subjetividade contemporânea dos brasileiros.

O impacto da massiva violência político-social atua no inconsciente, ataca a humanidade em sua experiência fundamental de vida e morte. Mudamos quando somos penetrados, invadidos por todos esses horrores, como crianças, adultos, profissionais, psicanalistas ou simples espectadores que sofrem a dor da violência social.

A relação da mente com a sociedade não pode ser ignorada. Ela é uma relação emocional complexa e multifacetada, que abrange vastos territórios, toca em política, violência interna e externa, gênero e raça. Qual a responsabilidade do analista para com o bem-estar de seus pacientes diante das vicissitudes da ordem social?

O mundo é um conjunto complexo de múltiplos eventos únicos, múltiplos pontos de vista. Isso é o que Leibniz apresenta como a "mônada" e Deleuze e Gattari, como o "Acontecimento". O sujeito é a entidade individual que contém em si os estados do mundo, suas séries, seus pontos de vista; cada indivíduo expressa clara e distintamente uma porção dessa totalidade e conterá o resto de maneira confusa e obscura, na forma de uma pequena percepção.

Acompanhamos Leibniz, Deleuze e Gattari no processo que desenvolveram do ponto de vista matemático e filosófico no qual se produz a multiplicidade, pois a cada curvatura dobrada, a cada curvatura interna, a cada curvatura pontual existem múltiplas formas de tocá-la; as tangentes que passam pela inflexão da curvatura do material são infinitas e, portanto, existem infinitos pontos de vista possíveis.

O mundo dobrado em cada mônada e de múltiplas maneiras é o "novo sistema do mundo" de Leibniz, é a morada do barroco para Deleuze e Gattari. O dito *mundo* também está presente agora. Hoje vivemos em múltiplas casas barrocas, vivemos envoltos em conchas barrocas, de onde surgem múltiplas possibilidades tanto de desenvolvimento como de destruição.

Por qual motivo apresento esse pensamento de Deleuze e Gattari para começar apresentando o livro tão especial de Ana Rosa Trachtenberg, *Transgeracionalidade/Intergeracionalidade: Holocausto, dores sociais*? Porque me ajuda a representar a obra especial e excepcional que ela nos apresenta: o movimento entre o verdadeiro e o real, entre o geral e o privado, entre um *contra* o outro e um *com* o outro. À medida que o lemos, caminhamos juntos seguindo o encontro entre a autora e o texto que lemos, um encontro com espirais ou curvas barrocas que nos conduzem essencialmente a um pensamento transformador.

Ana Rosa Trachtenberg nos propõe temas que não podem ser unidos harmoniosamente, que têm a ver com a dor social, com o Holocausto, o antissemitismo, o racismo, a escravidão no Brasil, sua memória do passado e do futuro e seu trabalho no presente. Ana Rosa continua seu caminho por toda curvatura dobrada e, para cada flexão interna, para cada curvatura pontual, ela anota, aponta e registra. E continua a marcar o confronto do espaço exterior com o espaço inter/intrapsíquico do grupo familiar: a configuração edipiana e os seus efeitos na adolescência, as funções parentais como criações no presente que dependem do que se tira de um passado, sem o saber, mas que se move deslizando o consciente. Todo elo intersubjetivo se constitui como espaço de realidade psíquica inconsciente conjunta, comum e compartilhada (Puget, 2013), sem descuidar a existência de territórios fluidos anteriores que tendem a se fossilizar ou a se fechar. Ana Rosa Trachtenberg nos diz:

> *Essa particularidade é essencial para entender a tragédia e para ampliar o conceito freudiano de complexo de Édipo para o de configuração edípica. Esta inclui*

> *duas vertentes: a) complexo de Édipo propriamente dito (desejos incestuosos e de morte em relação aos pais); b) a relação entre as gerações e a interpretação no mundo interno do paciente de como seus pais reconhecem a sua alteridade. (p. 103)*

Ou seja, o espaço transsubjetivo. Mas a autora não para por aí, e nos apresenta, nessa longa jornada do transgeracional, a Freud, o judeu e o homem do mundo, e com ele o antissemitismo como memória e futuro. Como Ana Rosa pertence a uma cadeia geracional judaica, refere-se ao que tem a ver com o povo judeu: ele deve conviver com a memória de um decreto coletivo de morte, emitido e executado por uma nação moderna, a Alemanha. Trata-se da destruição da base humana: no fundo, é uma experiência de desespero absoluto que registra e permeia parte da população, não só os judeus.

É realmente comovente descobrir, na leitura do livro, como Ana Rosa Trachtenberg, do seu lugar judaico-barroco, relaciona-se com a psicanálise e seu criador, Freud: ela usa cada curvatura dobrada, cada flexão interna, toca as tangentes e as fronteiras que passam pela inflexão da curvatura material, e nós abrimos possíveis pontos de vista para entender todos os níveis sem perder de vista o transgeracional.

Apresenta-nos a sua visão de identidade, tradições e cultos de passagem, e por meio desse ritual cumpre-se o mandamento bíblico *zakhor* ("lembrar-se", em hebraico), transformando, por exemplo, o bar-mitzvah não só num rito de passagem e de iniciação, mas também num ritual de rememoração, memória da história, dos antepassados, da lei, dos mandamentos. Destino e destinatário de uma mesma história, personagem e protagonista, a criança em seu bar-mitzvah atravessa e constitui o elo entre sua própria infância/passado e sua maturidade/futuro, dando continuidade a seus ancestrais e estabelecendo uma ligação saudável, legitimada e abençoada por seu pai e o pai de seu pai, entre o passado, o presente e o futuro. A condução e a permissão, a autorização dos pais, o ingresso no estudo, a leitura e o conhecimento da Torá proporcionam ao sujeito despreparado uma ação que converge para a penetração, essencial para a obtenção do conhecimento; ele cruza com a Bíblia que o pai de Freud lhe deu, sua leitura dos escritos antigos, o uso do hebraico, a cerimônia de bar-mitzvah e a dedicatória que seu pai escreveu para ele.

No mesmo movimento, a autora faz uma ligação muito apropriada com os conceitos da teoria freudiana, mostrando que, uma vez estabelecida a lei que proíbe o incesto, em concomitância com o estabelecimento da permissão para a revelação da Torá, bendiz-se a trajetória exploratória do corpo simbólico da mãe, em pleno exercício da curiosidade.

Essa interseção que Trachtenberg testemunha entre o individual e o coletivo implica um sentimento de "pertencimento" responsável por uma particular sensação de bem-estar, paz interior e identidade, como integração e conquista; são novos níveis de crescimento, outros padrões, inseridos na ética e na estética de todo um povo. O cultivo das tradições reforça a origem e as identificações de cada um, porque traduz o encontro tão inclusivo e reconfortante com os pais e avós que carregamos dentro de nós.

Do ponto de vista de Ana Rosa Trachtenberg – e dentro de seu rebanho e sua casca barroca de crescimento de vida e vínculo –, tradição, identidade, história, estórias e religião não são sinônimos. Cultivar o *Shabat*, as grandes festividades; frequentar a sinagoga e cantar as canções; ler, como o pai de Freud com seu filho, a Bíblia e os debates e discussões do Talmud são atitudes que podem ter motivações particulares: para alguns, unir-se a Deus; para outros, com a tradição, sua história, origens etc. Acredito que cada um vai, a seu modo, em busca da revitalização de seus próprios personagens, da renovação de suas esperanças, do alimento de sua integração e de sua integridade.

> *Eu, mulher judia do século XX, médica, psicanalista, profunda e serenamente identificada com as minhas raízes, vejo que neste vértice ocorre um cruzamento fundamental: trabalho para que cada um encontre em si mesmo a sua própria essência. O judaísmo e a psicanálise não brigam dentro de mim, ao contrário, trata-se de uma belíssima reunião: é no universo do judaísmo que eu me procuro, é na psicanálise que eu me acho, me resgato e mantenho vivos os meus antepassados, meu passado, meu presente, meu futuro. (p. 219)*

Ao introduzir Freud em sua jornada, Trachtenberg abre pistas para o tema central no mapa psíquico traçado pela psicanálise do *transgeracional* e do *intergeracional*. Sigmund Freud, pai da psicanálise, judeu não sionista, cria sua teoria de forma espacial: em cada um de nós existe outra província, outro reino: o inconsciente. O aparelho psíquico é um espaço, um tema.

Freud e Herzl propõem aos seus contemporâneos um sonho de espaço e conquista. Herzl sugere a criação de um Estado dos judeus, dando soberania a um pedaço da superfície da terra, enquanto Freud formula a hipótese de uma terra prometida, como a existência de uma terra de asilo que cada um contém dentro de si. Duas soluções espaciais diferentes, mesmo opostas, mas de alguma forma simétricas. Se Herzel encoraja a saída, a emigração, Freud opta por uma imigração ainda mais profunda, prefere uma viagem interna a um espaço externo e distante, um retorno às origens da própria pessoa.

Apesar de tudo o que os distingue, para dar pátria aos judeus ou para devolver o inconsciente ao homem, ambos recorrem ao poder do sono. Se para Freud "a interpretação dos sonhos é o caminho real que conduz ao conhecimento do inconsciente na vida psíquica, para Theodor Herzl, o sonho conduz a Sião" (Flem, 1994, p. 104).

Para encontrar a interseção e a compreensão do transgeracional em Freud, a autora recorre ao *Moisés* de Freud e sua íntima relação com a geografia da vida percorrida por Moisés-Freud sob novo ponto de vista. Trachtenberg explica da seguinte forma maneira:

> *Podemos agora seguir com nosso pensamento até outro lugar, o não lugar do judeu. Trata-se do lugar do estrangeiro, do judeu errante, da vocação para o exílio, da perpétua errância. É a repetição milenar da herança de um líder, Moisés, que não pôde entrar na Terra Prometida. Em sua autobiografia, Freud (1925) repetiu o que já havia dito no discurso aos membros da B'nai B'rith: 'Na universidade me deparei com algumas decepções; especialmente com algumas insinuações de que eu deveria me sentir inferior e estrangeiro, por ser judeu. [...] Muito cedo me familiarizei com o destino de me encontrar na oposição, fora da compacta maioria. Assim, eu me preparava para uma independência de juízo' (p. 9)". (p. 155)*

> *Em seu lado judeu, Freud se sabia capaz de subverter a lógica vigente, de se desenraizar permanentemente, de se deslocar por meio das fronteiras. Via-se capaz de estar do outro lado da realidade material e partiu para a busca do múltiplo sentido das palavras e dos afetos, daquilo que não estava representado e fixo. (p. 133)*

Freud sentiu-se profundamente atraído por esta figura histórica e dedicou-lhe um de seus últimos textos, "Moisés e o monoteísmo", no qual desenvolveu a tese original de que Moisés era egípcio. Várias passagens fundamentais para a humanidade foram operadas tendo Moisés como vetor, como agente transmissor, espaço de transcrição transformadora, recipiente intermediário entre a palavra de Deus, incompreensível para os homens, e a Lei para e deles (os Dez Mandamentos). Essas conquistas, organizadas, estruturadas e estruturantes, representam "um triunfo da espiritualidade sobre a sensualidade", segundo as palavras de Freud (1937, p. 109). Para Trachtenberg, Moisés é um espaço de transcrição transformadora.

Após fazer o passeio que indicamos – das subjetividades em permanente construção em diversos contextos desde Freud, passando pelo antissemitismo, o Holocausto e suas consequências na Europa, em Israel e no Brasil –, a autora nos diz:

> *Bem, tornei-me psicanalista e meu interesse pelo tema da transmissão psíquica entre gerações foi crescente nos últimos anos. Fui entendendo que tinha relação com minha história e, especialmente, com minha pré-história. Talvez um desejo de ir colocando palavras no silêncio que também rondava minha família. Não se falava das perdas trágicas da* Shoah. *(p. 191)*

E por meio da pesquisa psicanalítica, Trachtenberg compartilha com os leitores sua experiência com seus pacientes *e* suas experiências do transgeracional por meio da expressão artística: pintura, desenho, literatura e poesia. E também nos traz com clareza a história da escravidão no Brasil, o trauma do escravo e do senhor de escravos com suas consequências transgeracionais.

Podemos dizer que o trauma imanente – nascer e crescer – e o trauma catastrófico, causado pela violência político-social, nunca mentem. O trauma reclama e exige repetição, exige ser expresso, pois o trauma e a catástrofe destrutiva imposta por um ser humano a outro têm o poder de transpor barreiras intergeracionais e furar fronteiras vagas entre almas diferentes, deixando rastros, pelo menos em forma de sintomas que continuam a conectar gerações entre si. Os fragmentos da pré-história traumática, que não permitem a transformação em eventos históricos processados, se esforçarão para existir em gerações distantes que passaram pelo trauma e desconhecem as causas do sofrimento. É uma continuidade de geração em geração que desafia a passagem do tempo.

O trabalho da memória ativa ocupa um lugar importante. Expressa-se de diversas formas na literatura, por meio de dias comemorativos, por meio de monumentos, memoriais, museus sobre o tema e todas as expressões simbólicas, encontros e reuniões de todo o tipo, em que diferentes disciplinas procuram descobrir "o quão difícil é pensar" ou como é difícil digerir. O psicanalista de hoje enfrentou e aprendeu com o espaço da subjetividade individual (inter e intra) para considerar o espaço transsubjetivo. Trachtenberg expressa claramente esse ponto:

> *[...] que a estória/história de cada um é, necessariamente, atravessada pela história do tempo que lhe cabe viver. Nossas histórias e suas versões transformáveis se produzem não somente a partir do intrapsíquico, mas também do inter e trans-subjetivo, assim como a pré-história de cada sujeito. Refiro-me à história dos pais e das famílias como marcadoras de subjetividade, que se transmitem ao longo das gerações. (p. 118)*

E continua, num certo pessimismo com o qual concordo:

> *Vivemos, na atualidade, em estado de permanente defesa, em repetidos desmentidos quase necessários para a sobrevivência psíquica frente às violências as quais somos submetidos diariamente. Já quase nada nos afeta! Acreditamo-nos não afetados, mas não sabemos que destino têm, em nosso psiquismo, as situações potencialmente traumáticas da atualidade, que nos chegam por atos, palavras ou imagens. Quais restos, impregnações, transmissões radioativas (Gampel, 2006) aparecerão no futuro mais próximo ou nas gerações futuras? Vivemos em um mundo cuja tendência é fazer com que os sentimentos sejam fugazes, resvaladiços. Nós, os psicanalistas, contamos com as palavras, mas parece que estas vêm perdendo parte de sua força em seu objetivo primeiro, que é o de transmitir os sentimentos do ser humano e dar sentido a eles. As palavras já não parecem suficientes como capacidade para despertar o humano do humano. Em tempos de rapidez, imagens, computadores com muita memória nas máquinas e pouca nas mentes, necessitamos, cada vez mais, de diferentes formas de expressão da cultura e da arte em geral. (p. 125)*

No caminho percorrido neste valioso e belo texto sobre a transgeracionalidade, encontramos uma rede de múltiplos tempos que se esbarram, se bifurcam, se cortam ou se ignoram há séculos, abarcando todas as possibilidades bem como a possibilidade de olhar a história como uma contingência "cumulativa", não linear, da qual fala o historiador Dan Diner (2000).

Referências

Deleuze, G. & Guattari, F. (1980). *Capitalisme et schizophrénie 2: Mille plateau*. Les Éditions de Minuit.

Diner, D. (2000). *Beyond the conceivable: Studies on Germany, nazism, and the holocaust*. The University of California Press.

Flem, L. (1994). *O homem Freud: o romance do inconsciente*. Campus.

Freud, S. (1976). Presentacion autobiografica. In *Obras Completas* (Vol. 20). Amorrortu. (Trabalho original publicado em 1925).

Freud, S. (1976). Moises y la religion monoteista. In *Obras Completas* (Vol. 13). Amorrortu. (Trabalho original publicado em 1937).

Gampel, Y. (2019). Trans-generational fallout. In I. Brener. (ed). *The handbook of psychoanalytic Holocaust studies: international perspectives* (pp. 103-110). Routledge.

Leibniz, G. (2012). *Obras completas*. Biblioteca Iberica.

Puget, J. (2013). Discontinuidades, superposición, articulación. *Revista Generaciones*, 2(2), 57-74.

Minhas casinhas com chaminé...

Pergunto-me o motivo pelo qual foi tão difícil escrever esta apresentação ao livro *Transgeracionalidade/Intergeracionalidade: Holocausto, dores sociais*. Talvez seja porque meu interesse visceral pelo tema tenha nascido comigo.

Sou da geração pós-Segunda Guerra Mundial, nasci no início dos anos 1950, e o Holocausto/*Shoah*, parafraseando Haydée Faimberg, foi um tema "vazio e demasiado cheio", sempre muito presente. Neta e filha de refugiados judeus poloneses, convivi com histórias mal contadas, lacunares, denunciando traumas que somente a vida adulta e de psicanalista me permitiram identificar.

Transgeracionalidade, caminho do intrapsíquico que se transmite silenciosa e repetidamente ao longo das gerações, ao vincular histórico e social nesse percurso que pode vir a ser intergeracionalidade, nos resgata a esperança.

Assim, compartilhar com os possíveis leitores textos que foram publicados e/ou apresentados ao longo de alguns anos oportunizou-me revisitá-los e imaginar um diálogo e novos intercâmbios.

Este é meu desejo!

Sem mais, é chegada a hora dos agradecimentos especiais, iniciando por minha família de origem e a que pude ir construindo, pelo imenso amor.

Aos queridos colegas do Núcleo de Vínculos da Sociedade Brasileira de Psicanálise de Porto Alegre (SBPdePA), da Asociación Psicanalítica de Buenos Aires (Apdeba) e de tantos outros lugares, que vêm me prestigiando com escuta e divergências, mostrando que são muitos os caminhos que cabem na diversidade. Eu gostaria imensamente de nomeá-los, mas melhor não fazê-lo, pois seguramente cometeria injustos lapsos de memória. Fica aqui meu reconhecimento carinhoso a todos.

Aos amigos e à amizade, sem os quais a vida tem menos sabor.

Pela paciência e competência, Nilza Cardarelli. Ela sabe porquê.

Minha imensa gratidão aos meus analistas David Rosenfeld e Janine Puget.

À Yolanda Gampel, sempre estimulante, que, com entusiasmo, aceitou o desafio de prefaciar esta publicação.

Desejo a todos que a leitura gere interesse, curiosidade e que o novo possa surgir ao longo deste percurso.

Um forte abraço,

Porto Alegre, 2023.

Parte I

Transgeracionalidade/ intergeracionalidade

1. Transgeracionalidade: sobre silêncios, criptas, fantasmas e outros destinos[1]

À medida que o tempo passa, a tinta velha em uma tela muitas vezes se torna transparente. Quando isso acontece, é possível ver, em alguns quadros, as linhas originais: através de um vestido de mulher surge uma árvore, uma criança dá lugar a um cachorro, e um grande barco não está mais em mar aberto. Isso se chama pentimento, porque o pintor se arrependeu, mudou de ideia. Talvez se pudesse dizer que a antiga concepção, substituída por uma imagem ulterior, é uma forma de ver, e ver de novo, mais tarde.

(Lilian Hellman, "Pentimento")

Alguns anos após o fim da Segunda Guerra Mundial, psicanalistas do mundo inteiro começaram a receber em seus consultórios sobreviventes e/ou descendentes do Holocausto judeu – *Shoah*, em hebraico – e passaram a observar fenômenos clínicos que guardavam alguma relação com aquela situação traumática do passado.

1 Publicado originalmente na *Revista Brasileira de Psicanálise*, 51(2), pp. 77-89, 2017.

Nos anos 1960, foi descrita a síndrome do sobrevivente do Holocausto, caracterizada preponderantemente pela culpa por sua sobrevivência enquanto familiares haviam sido dizimados pelo nazismo. Nos anos 1970, achados clínicos recaíram sobre a segunda geração de judeus pós-holocausto, e, nos anos 1980 e 1990, o foco se abriu para a terceira geração. O denominador comum é o aparecimento de sinais relacionados aos traumas vividos pelos antepassados, e não pelo próprio sujeito.

Em outras palavras, há uma forte presença da "pré-história" do sujeito na constituição de sua subjetividade ou de sua conflitiva, o que ocorre de maneira inconsciente. Essa pré-história convive lado a lado com a sua conflitiva pessoal intrapsíquica. Os estudos psicanalíticos nascidos nos "efeitos radioativos" (Gampel, 2006) do Holocausto foram ampliados, sendo de muita valia para a compreensão dos desdobramentos emocionais de outras formas de violências e traumas, quais sejam: violências familiares (abusos, filicídio mudo, segredos, vergonhas etc.); traumas e lutos não elaborados; violências de Estado (guerras, ditaduras etc.); violência urbana e outros.

Destinos do traumático: o silêncio e o segredo são meus amigos

Elie Wiesel, a propósito de sua condição de sobrevivente do Holocausto, disse: "Calar-se era terrível, falar impossível" (Benghozi, 2000, p. 92). Os sujeitos vitimados em diferentes situações traumáticas de grande magnitude são impulsionados a buscar, portanto, defesas extremadas, na tentativa de manter um mínimo de homeostase emocional. Assim, torna-se intolerável falar, lembrar, rememorar, pensar, sentir, já que colocar o acontecimento traumático ou vergonhoso na rede de representações implica ameaça de "retraumatizar", com desorganização e ruptura do psiquismo.

Dessa forma, as pessoas que passaram por essas violências buscam proteção para tentar sobreviver psiquicamente, para levar uma vida normal, fazendo uso da *desmentida*, da *cisão* e da *clivagem do ego*. Nesse sentido, viver em mundos superpostos ou paralelos é um recurso de sobrevivência.

O silêncio e o segredo são amigos nessa hora.

Fica aberto, assim, o caminho para a formação de *criptas*.

Destinos do silêncio: criptas

> *Todas as palavras que não puderam ser ditas, todas as cenas que não puderam ser rememoradas, todas as lágrimas que não puderam ser vertidas serão engolidas, assim como, ao mesmo tempo, o traumatismo, causa da perda. Engolidos e postos em conserva. O luto indizível instala no interior do sujeito uma sepultura secreta [...]. Criou-se, assim, todo um mundo [...] inconsciente que leva uma vida separada e oculta.*
>
> (Abraham & Torok, 1995)

Nicolas Abraham e Maria Torok, analistas húngaros radicados em Paris, foram precursores dos estudos psicanalíticos sobre transmissão psíquica entre gerações. Tais pesquisas foram guiadas por pacientes que eram sobreviventes e/ou seus descendentes, que viveram durante o pós-guerra europeu e resgataram a importância do trauma para o cenário psicanalítico, esse que havia sido relegado a um segundo plano desde as histéricas de Freud no final do século XIX.

Esses autores cunharam uma original terminologia no seio da linguagem psicanalítica, a *cripta*, que se trata do resultado de uma defesa extremada desenvolvida por aqueles sujeitos traumatizados ou impossibilitados de processar lutos. São os sujeitos criptóforos que, fazendo uso da desmentida e da cisão do ego, juntamente com a repressão conservadora (que se diferencia da repressão dinâmica, que é pulsional), mantêm intactos, conservados e longe da consciência e dos afetos aqueles acontecidos dolorosos e potencialmente desorganizadores do psiquismo.

> *Na tópica, essa cripta corresponde a um lugar definido. Não é nem o inconsciente dinâmico nem o ego [...]. Seria antes como um território encravado ("tópica realitária") entre os dois, espécie de inconsciente artificial, instalado no seio do próprio ego. A existência de tal túmulo tem por efeito obturar as paredes semipermeáveis do inconsciente dinâmico. Nada deve filtrar para o mundo exterior. É ao ego que retorna a função de guardião do cemitério. (Abraham & Torok, 1995, p. 239)*

A cripta é, portanto, uma potente defesa que pretende ser, em si mesma, de alta eficácia. E talvez o seja para o sujeito portador dela. Entretanto, essa história poderá ter muitos desdobramentos e não ver seu fim ainda durante essa geração.

Pensando nas séries complementares de Freud, bem como em algumas ideias recentes sobre resiliência, seguimos algumas trilhas possíveis da cripta. Dependendo de sua intensidade, *malignidade* e da resiliência familiar, o destino das criptas poderá ser o de fantasmas familiares.

Traduzir-Se
Uma parte de mim
é todo mundo;
outra parte é ninguém:
fundo sem fundo.

Uma parte de mim
é multidão:
outra parte estranheza
e solidão.

Uma parte de mim
pesa, pondera;
outra parte
delira.

Uma parte de mim
almoça e janta;
outra parte
se espanta.

Uma parte de mim
é permanente;
outra parte
se sabe de repente.

Uma parte de mim
é só vertigem;
outra parte,
linguagem.

Traduzir-se uma parte
na outra parte

– que é uma questão
de vida ou morte –
será arte?
(Gullar, 1980, p. 346)

Destinos da cripta: fantasmas

Ao se referirem às ressonâncias do trauma não elaborado em uma dada geração, Abraham e Torok (1995) enfatizam que nada pode ser abolido completamente; algo aparecerá em gerações seguintes, como enigma ou como algo impensado.

Nessa linha de pensamento, Benghozi (2000) utiliza o termo "traumatismo como herança" para designar situações em que o fato traumático, embora tenha se dado com o progenitor, é transmitido ao descendente sem que nunca tenha sido falado. Para esse autor, há um risco constante de que um traumatismo psíquico não metabolizado seja repetido depois de várias gerações.

O traumatismo, que pode ser um luto, vergonha, violência social etc., sem possibilidade de elaboração psíquica (com clivagem do ego e formação de cripta), constitui uma verdadeira pré-história para as gerações seguintes, pela qual estão compulsoriamente atravessadas. As gerações futuras têm de lidar com uma experiência traumática que não é própria, mas, sim, dos pais, de quem dependem psiquicamente. Serão possíveis prisioneiros de sua pré-história. Serão as *gerações fantasma*.

O fantasma resulta, sobre um sujeito, dos efeitos inconscientes da cripta de outro, de seu segredo inconfessável. Podemos dizer que o sujeito fantasma é, portanto, prisioneiro de outro sujeito, do sujeito cripta. Tisseron (1997) os descreve da seguinte maneira:

- geração cripta: indizível;
- geração fantasma 1 (filhos): inominável; os conteúdos são ignorados e apenas pressentidos, como um fantasma que ronda uma casa; essa geração poderá apresentar dificuldades de pensamento e de aprendizagem, assim como temores imotivados;
- geração fantasma 2 (netos): impensável; há impossibilidade de pensar os acontecimentos traumáticos ocorridos na geração cripta, podendo apresentar toxicomanias, delírios, transtornos psicossomáticos etc.

Depois da terceira geração, estima-se o aparecimento de reações afetivas incongruentes, possíveis rupturas de laços de pertencimento ou tradição.

Por outro lado, também observamos que nas gerações fantasmas aparecem sinais de doenças que funcionam como uma tentativa de salvar ou libertar a geração precedente de suas feridas não cicatrizadas, mediante "identificação redentora" (Kancyper, 1997). Muitas vezes, quando há algum grau de resiliência familiar, a criança pode apresentar um sintoma que a conduz ao tratamento, permitindo assim um encaminhamento para a abertura de criptas e a consequente possibilidade de elaboração desse trauma não elaborado, silenciado e não representado de gerações anteriores.

Entretanto, em qualquer geração, o traumatismo não elaborado da geração cripta pode ser objeto de uma tramitação criativa, como a escolha de seus descendentes por profissões que impliquem a busca do passado: historiadores, arqueólogos, artistas, psicanalistas.

Um pouco de microscopia...

Faimberg (1996) denomina "telescopagem entre gerações" o fenômeno que tem como modelo a carambola entre automóveis ou as bonecas russas (*matryoshkas*), que entram umas nas outras. Tal fenômeno resulta no que a autora chama de "identificação inconsciente narcisista alienante". Essa forma particular de relação, cujo modelo é a identificação projetiva e que ocorre sob o domínio do narcisismo, sem respeito aos bordos ou limites da subjetividade, permite ao progenitor fazer uso do espaço psíquico do filho sem discriminá-lo de si próprio. O filho, vulnerável por sua necessidade de investimento narcísico, fica sujeito ao que os pais dizem ou calam, perdendo a liberdade de interpretar com seu próprio psiquismo as verdades familiares e vinculares. Torna-se depositário, cativo de um luto não elaborado, de um segredo ou de uma vergonha parentais ("criptas", no dizer de Abraham e Torok), que o alienam de si mesmo, obrigando-o a viver uma história que, ao menos em parte, não é sua.

A identificação alienante, como é denominada mais amplamente na atualidade, não tem o mesmo caráter das identificações secundárias, que são, via de regra, de filhos para pais. Na identificação alienante, aquilo que não é tolerado no psiquismo dos pais é projetado para o espaço mental filial e, tal como nas identificações projetivas comuns entre sujeitos, *liberta* o que envia e *escraviza* o que recebe. Assim ocorre, inconscientemente, entre as gerações.

Transmissão intergeracional e transgeracional

Transmitir é fazer passar um objeto de identificação, um pensamento, uma história, afetos, de uma pessoa para outra, de um grupo para outro, de uma geração para outra. Quando falo de transmissão psíquica entre gerações, refiro-me a duas modalidades básicas: intergeracional e transgeracional.

Figura 1.1 Bonecas russas (*matryoshkas*).
Fonte: Rgbstock.com

A primeira delas, a intergeracional, é a que ocorre *entre* as gerações, havendo uma distância, um espaço entre o *transmissor* e o *receptor*, preservando-se os limites e as bordas da subjetividade. A transmissão transgeracional, ao contrário, é invasiva e ocorre *através* dos sujeitos e das gerações.

Transmissão intergeracional

Nas transmissões intergeracionais, o sujeito não é somente beneficiário, herdeiro, servidor forçado, mas também adquirente singular daquilo que lhe é transmitido. Trata-se de um trabalho psíquico de elaboração que diz respeito ao sujeito e ao grupo, favorecendo transformações e conduzindo a uma diferenciação, a uma evolução entre o que é transmitido e o que é herdado. Esse trabalho permite a cada geração situar-se em relação às outras, perceber e respeitar as diferenças entre elas, tornar-se um elo e inscrever cada sujeito numa cadeia e num grupo. Nesse sentido, vale lembrar a célebre frase de Goethe, citada por Freud em "Totem e tabu" (1913/1986), sobre a necessidade de adquirir o herdado para realmente possuí-lo.

A transmissão psíquica intergeracional é estruturante, nucleada, portanto, na existência de um espaço de transcrição transformadora (Kaës, 1996), no qual se veicula uma herança intergeracional, constituída pelas fantasias, imagos, identificações etc., organizando uma história familiar, um relato mítico do qual cada sujeito pode tomar os elementos necessários para a constituição da sua novela individual neurótica. Exemplos desse tipo de transmissão são as tradições, as culturas, o núcleo de pertinência, uma filiação ou um sobrenome que tenham força de coesão.

Essa parece ser a trilha daquelas transmissões psíquicas entre gerações que são bem-sucedidas, exitosas, nas quais o escudo protetor materno cumpriu a sua meta a contento e a mãe pôde investir adequadamente seu bebê, sem invadir o campo da intersubjetividade com ansiedades ou lutos mal elaborados de sua história ou pré-história.

Figura 1.2. *A Virgem e o Menino com Santa Ana* (Leonardo da Vinci, *c.* 1510). *Fonte*: Wikimedia Commons.

Trouxe o quadro de Leonardo da Vinci, *A Virgem e o Menino com Santa Ana*, porque a minha visão dele é a de um bebê olhando por sua mãe, que por sua vez está sendo olhada por sua própria mãe. Há uma troca de olhares, cuidados e *holding* envolvendo três gerações, o que pode ser um bom modelo para considerarmos que a presença dessa imagem na vida das famílias nos ajuda a pensar em transmissão intergeracional.

Transmissão transgeracional

Várias situações podem destruir a capacidade e a função parentais: lutos não elaborados, segredos, histórias lacunares, histórias de violência, vazios, migrações – traumas, enfim, que não puderam ser transformados, simbolizados, historizados. Tais situações podem comprometer dramaticamente a capacidade parental de metabolizar as ansiedades primitivas do bebê (função alfa, *rêverie*, mãe suficientemente boa), além de promover a inversão da linha geracional, pois o filho – ao contrário do que é esperado na primitiva relação mãe/bebê – passa a conter a ansiedade proveniente do irrepresentável e do não elaborado das angústias parentais.

O magnífico quadro de Frida Kahlo, *Autorretrato como Tehuana* (ou *Diego em Meu Pensamento*), no qual Diego Rivera aparece desenhado em sua testa, parece-me uma imagem ímpar para pensarmos a mente de uma mãe impossibilitada de olhar e investir integralmente seu bebê por estar ocupada (ela-mãe) com seus lutos e traumas não elaborados (criptas). Há uma forte tendência a utilizar identificações alienantes desses *Diegos* de sua mente para depositá-los na mente do bebê. Esse movimento parental inconsciente poderá traduzir-se em vazio irrepresentável para o bebê, ao mesmo tempo que o leva a carregar uma angústia que não é sua.

A nova geração será herdeira compulsória dessa vesícula que contém produtos tóxicos, será receptora singular de uma transmissão defeituosa. Por estar dominada por sua dependência e seu apego aos pais, bem como por sua necessidade de ocupar o lugar que lhe é determinado, constituir-se-á em verdadeira escrava de fantasmas.

Ao ser introduzida na constelação traumática dos pais, a criança cumprirá várias funções para eles. Poderá tomar o lugar dos mortos, identificando-se com eles para satisfazer a mãe, servindo assim de continente para as angústias excessivas do adulto com a inversão das posições na linha geracional e a subsequente transformação, por exemplo, em pai de seus pais.

Essa é uma transmissão psíquica geracional que, do ponto de vista da natureza e da essência do elo criativo entre as gerações, tornou-se defeituosa, foi interrompida; as histórias de seus personagens estão colapsadas, coladas umas às outras – estão sob o predomínio da repetição e do narcisismo.

Assim, encontraremos, em ambas as gerações, o impensável, o indizível, o negativo, o processo do segredar, os restos insensatos, os passados em silêncio, as histórias vazias. Estará fundada a *cadeia traumática transgeracional* (Gomel, 1997).

Dessa forma, o trauma pode inaugurar, na história de muitas famílias, as condições para as transmissões transgeracionais, carentes do espaço de transcrição transformadora. O trauma não elaborado tem poder para interromper a transmissão intergeracional, aquela que se dá *entre* os sujeitos. Com isso, passa a existir outra, dessa vez defeituosa, transgeracional, que ocorre *através* dos sujeitos, atravessando o psiquismo, invadindo-o violentamente, numa passagem direta de formações psíquicas de um sujeito a outro, de uma geração a outra, sem preservação dos espaços subjetivos ou intersubjetivos.

Essa história – ou não história – repleta de não ditos, que necessita ser dissociada ou *clivada* pelo sujeito, habitante de uma cripta firmemente lacrada , necessitará encontrar um depósito fora dele próprio. O indivíduo expulsa de dentro de si seu próprio fardo, as partes alienadas/clivadas de si mesmo, e as coloca em alguém narcisicamente selecionado, da geração seguinte. Essa identificação projetiva – *identificação alienante* (Faimberg, 2000); *identificação mórbida* (Pereira da Silva, 2003); *identificação radioativa* (Gampel, 2006, 2014); *identificação traumática* (Trachtenberg, 2013) – *liberta* o representante dessa geração, enquanto *escraviza* o representante escolhido da geração seguinte. Este, vivendo uma história que, ao menos parcialmente, não é sua, tendo uma parte de seu psiquismo alienada, estrangeira a si mesmo, é um dos protagonistas daquilo que Faimberg (2000) denominou *telescopagem de gerações*.

Nessa linha de compreensão psicanalítica, Kestenberg (1993) chamou de transposição o fenômeno encontrado em descendentes de sobreviventes do Holocausto, acontecimento este que descreve uma forma de viver em duas épocas distintas simultaneamente: a presente e a passada. Rosenfeld (1993) observou ainda fenômenos de encapsulamento autista, derivados da necessidade de preservação de identificações infantis.

A esse respeito, Gampel (2006, 2014), ao se referir aos sobreviventes do Holocausto e seus descendentes, diz que os traumas encapsulados são convertidos em restos radioativos que não podem ser transformados em pensamento simbólico, nem em palavras, e surgem sob a forma de enfermidades psíquicas ou físicas, no próprio sujeito ou em membros das gerações seguintes.

Imre Kertész, escritor húngaro, sobrevivente do Holocausto e ganhador do Prêmio Nobel de Literatura em 2002, manifestou em seu romance *Kadish*[2] *por uma criança não nascida*, sua decisão de não ter filhos, pois entendia que sua herança emocional estaria muito comprometida com potencial patogênico graças a seus traumas não processados.

Lembrando Ferreira Gullar (1980): "Traduzir-se uma parte na outra parte [...] será arte?" (p. 346). Cabe a nós, psicanalistas, por meio de diferentes abordagens terapêuticas, realizar um trabalho preventivo de saúde mental, bem como um trabalho que permita elaboração de criptas e fantasmas, contribuindo para um nascimento psíquico não alienado nas crianças e nas famílias; ajudar no difícil trânsito dessa transformação de heranças transgeracionais em novas heranças intergeracionais.

Para finalizar, apresento um quadro comparativo entre as duas formas de transmissão psíquica entre gerações – intergeracional e transgeracional –, que busca destacar as diferenças, assim como alguns pontos que suscitem inquietações capazes de criar novos pensamentos:

Quadro. 1.1 Comparação entre transmissão intergeracional e transgeracional

Transmissão Intergeracional	Transmissão Transgeracional
1. A serviço dos vínculos, da elaboração, da historização do sujeito.	**1.** A serviço do esquecimento (morte), da repetição, da não história.
2. Transmissão intersubjetiva – com resguardo dos bordos da subjetividade – entre sujeitos/ entre gerações.	**2.** Transmissão transpsíquica, invasiva, sem transformação, passagem direta pelas gerações.

2 Reza que os judeus fazem para os mortos.

Quadro. 1.1 Comparação entre transmissão intergeracional e transgeracional

Transmissão Intergeracional	Transmissão Transgeracional
3. Acontecimentos elaborados (traumáticos ou não), "olhar consistente".	3. Acontecimentos traumáticos não elaborados (lutos, migrações, violências, violência de Estado, segredos), "olhar transparente".
4. Representação psíquica/ simbolização/ palavra.	4. Cripta/fantasma/silêncio/ vazio/ negativo/branco/falha no simbólico/ elementos não transformados/não palavra/ não representação.
5. Espaço de transcrição transformadora (entre gerações), cadeia (elo) geracional.	5. Falta espaço de transcrição transformadora (entre gerações); cadeia traumática transgeracional.
6. Memória/historização/herança intergeracional/fantasias/imagos.	6. Esquecimento/não história/ herança transgeracional/histórias colapsadas.
7. Antepassado: objeto intergeracional – núcleo de pertinência, genealogia.	7. Antepassado: objeto transgeracional.

Quadro. 1.1 Comparação entre transmissão intergeracional e transgeracional

Transmissão Intergeracional	Transmissão Transgeracional
8. Identificações telescópicas (herança, sobrenome, tradições), identificações secundárias.	**8.** Telescopagem de gerações, identificações alienantes, identificações traumáticas, identificações vampíricas, identificações mórbidas, identificações radioativas.
9. Conflitos neuróticos, "miséria comum".	**9.** Narcisismo, vazio, mandatos.
10. Repressão, negação.	**10.** Clivagem, cisão, desmentidas.
11. Mantidas as diferenças entre gerações.	**11.** Inversão da linha de gerações, rêverie invertida, vesícula de produtos tóxicos, cripta tóxica.

Fonte: adaptado de Trachtenberg et al., 2013.

Referências

Abraham, N. & Torok, M. (1995). *A casca e o núcleo.* Escuta.

Benghozi, P. (2000). Traumatismos precoces da criança e transmissão genealógica em situação de crises e catástrofes humanitárias: desemalhar e remalhar continentes genealógicos. In O. R.

Correa (org.). *Os avatares da transmissão psíquica geracional.* Escuta.

Faimberg, H. (2000). Entrevista. *Psicanálise – Revista da Sociedade Brasileira de Psicanálise de Porto Alegre*, 2(1), 249-266.

Faimberg, H. (1996). El telescopaje de las generaciones. In R. Kaës et al. *Transmisión de la vida psíquica entre generaciones.* Amorrortu.

Freud, S. (1986). Totem e tabu. In *Obras completas* (Vol. 13). Amorrortu. (Trabalho original publicado em 1913).

Gampel, Y. (2014). Entrevista. *Revista Brasileira de Psicanálise*, *48*(2), 17-28.

Gampel, Y. (2006) *Esos padres que viven a través de mi: la violencia de Estado y sus secuelas.* Paidós.

Gomel, S. (1997). *Transmisión generacional, familia y subjetividad.* Buenos Aires: Lugar.

Gullar, F. (1980). Traduzir-se. In *Toda poesia* (21ª ed.). José Olympio.

Kaës, R. (1996). Introducción al concepto de transmisión psíquica en el pensamiento de Freud. In R. Kaës et al. *Transmisión de la vida psíquica entre generaciones.* Amorrortu.

Kancyper, L. (1997). *La confrontación generacional: estudio psicoanalítico.* Paidós.

Kestenberg, J. S. (1993). What a psychoanalyst learned from the Holocaust and genocide. *The International Journal of Psychoanalysis*, *74*, 1117-1129.

Pereira da Silva, M. C. (2003). *A herança psíquica na clínica psicanalítica.* Casa do Psicólogo.

Rosenfeld, D. (1993). A identificação e suas vicissitudes em relação ao fenômeno nazista. In *O psicótico: aspectos da personalidade*. Vozes.

Tisseron, S. (1997). Introducción: el psicoanálisis ante la prueba de las generaciones. In S. Tisseron et al. *El psiquismo ante la prueba de las generaciones*. Amorrortu.

Trachtenberg, A. R. C. (2013). Trauma, transgeracionalidade e intergeracionalidade: uma transformação possível. In A. R C. Trachtenberg et. al. *Transgeracionalidade – de escravo a herdeiro: um destino entre gerações*. Sulina.

2. Famílias interrompidas: drama transgeracional[1]

Descobri aos 13 anos que o que me dava prazer nas
leituras não era a beleza das frases, mas a doença delas.
Comuniquei ao Padre Ezequiel, um meu
preceptor, esse gosto esquisito.
Eu pensava que fosse um sujeito escaleno.
Gostar de fazer defeitos na frase é muito
saudável, o Padre me disse.
Ele fez um limpamento em meus receios.
O Padre falou ainda: Manoel, isso não é
doença, pode muito que você carregue para o
resto da vida um certo gosto por nadas ...
E se riu.
Você não é bugre? – ele continuou.
Que sim, eu respondi.
Veja que bugre só pega por desvios, não anda
em estradas – Pois é nos desvios que encontra as
melhores surpresas e os ariticuns maduros.

1 Apresentado na Jornada SBPdePA 2019: *Os caminhos da dor*. Painel Corpo.

> *Há que apenas saber errar bem o seu idioma.*
> *Esse Padre Ezequiel foi meu primeiro*
> *professor de agramática.*
>
> (Manoel de Barros, "Para encontrar o azul eu uso pássaros")

No ano de 1914, no fundamental texto "Introdução ao narcisismo" (1986), Freud declara que o indivíduo é, em si mesmo, seu próprio fim, mas se encontra vinculado a uma corrente geracional como elo de *transmissão*, sendo seu beneficiário e herdeiro.

Várias situações, entretanto, podem modificar o fluxo intergeracional de muitas famílias: lutos não elaborados, segredos, histórias lacunares, histórias de violência, vazios, migrações, que se constituíram em *traumas* não transformados, não elaborados ou não historizados. Assim, poderão ser inauguradas, na história de muitas famílias, as *transmissões transgeracionais*. Observamos, nesses casos, um predomínio da transmissão que ocorre *através* dos sujeitos, atravessando o psiquismo, invadindo-o violentamente, numa passagem direta de formações psíquicas de um sujeito a outro, de uma geração a outra, sem a preservação dos espaços ou das bordas da subjetividade.

Nas situações de violência social ou violência de Estado, o intrapsíquico se vê desbordado em seu potencial de ligação e representação. Tal é o caso do Holocausto (*Shoah*), que deixou para seus sobreviventes e/ou descendentes uma marca que, de acordo com muitos autores, não é passível de representação. São momentos traumáticos encapsulados (Rosenfeld, 1993), cripta (Abraham & Torok, 1995), convertidos em "restos radioativos" (Gampel, 2006), que não podem ser transformados em pensamento simbólico, em palavras, e surgem sob a forma de enfermidades psíquicas ou físicas, no próprio sujeito ou em membros das gerações seguintes. Gampel (2006) denomina tais efeitos como "transmissão e identificação radioativa" e cita Wilcowicz, que conceitua uma forma de "identificação vampírica" em que alguns descendentes das vítimas da *Shoah*, prisioneiros dos traumatismos da geração anterior, não são "nem mortos, nem vivos, nem nascidos", tal como os vampiros.

Aqui vale lembrar o escritor húngaro de origem judaica, Prêmio Nobel de Literatura de 2002, Imre Kertész, que escreveu, de acordo com alguns importantes críticos literários, os mais importantes romances sobre o Holocausto. Kertész está ao lado de Primo Levi, Elie Wiesel e Paul Celan. A sua famosa trilogia – *Sem Destino*, *O fiasco* e *Kadish por uma criança não nascida* –, entre tantos outros importantes livros, expressam, de acordo com o autor, "uma escrita que confirma a frágil experiência do indivíduo face à arbitrariedade bárbara da história" (1995, p. 15). Como lidar com a existência após a sobrevivência ao campo de extermínio de Auschwitz aos 14 anos?

Kadish por uma criança não nascida trata das consequências tardias do Holocausto no cotidiano daqueles que sobreviveram e a extrema dificuldade em continuar sobrevivendo. *Kadish*, que é uma reza judaica aos mortos e título deste romance, é impactante e instigante em si mesmo desde o primeiro momento. Foi assim que conheci e me aproximei de Kertész: pelo desconcerto que o próprio título me gerou quando o vi na livraria, há vários anos. Como rezar por alguém, uma criança, que nem sequer nasceu? Escritor e personagem se confundem e, quando perguntado inocentemente por um conhecido de férias se teria filhos, responde com um incisivo "não!". Assim começa a história, dizendo *não* à esposa, a propósito do tema da parentalidade. É o ponto de partida de um monólogo monumental, épica e artisticamente ramificado, no qual fundamenta e explica a sua negação em reproduzir a vida após Auschwitz. Disse Kertész: "Todo mundo quer pôr um ponto final. É normal querer esquecer experiências terríveis e acabar se impondo valores mais racionais.

Isso é muito importante para se sentir bem no mundo. O problema é que simplesmente não dá" (1995, p. 46). Drama e trauma mantidos intactos e não elaborados (e será possível elaborar pela magnitude da violência sofrida?) e a plena consciência do risco de transmitir esse terrível legado a futuras gerações. É uma descendência, uma família que se interrompe por um *trauma/drama transgeracional*. Kertész é um exemplo do não possível dito por Freud em "Introdução ao narcisismo" (1914/1986), sobre o indivíduo ser, em si mesmo, seu próprio fim, mas também se encontrar vinculado a uma corrente geracional como elo de transmissão.

Na clínica, um exemplo é o de Clara, que busca ajuda terapêutica por sentir muitos medos e pela impossibilidade de ter filhos. Depois de postergar o projeto da gravidez por vários anos, não conseguia engravidar. Sua idade limite para programas de fertilização e sucessivos abortos espontâneos indicavam um panorama muito pouco otimista. Ao mesmo tempo, Clara inicia uma busca nas redes sociais de sua misteriosa pré-história, a história de sua mãe. Havia já um estranhamento do fato de não ter conhecido a família materna e de que ela e seus irmãos cresceram em diferentes casas, vindo a juntar-se todos somente quando Clara tinha 12 anos. Disso não se falava.

Clara acabou por descobrir um mistério: sua mãe era filha bastarda de uma rica família do interior, onde sua avó trabalhava. A mãe de Clara, bem como sua avó, sofriam abusos sexuais, razão pela qual a mãe de Clara fugiu da pequena cidade ainda adolescente, prostituindo-se como meio de sobrevivência. Foi assim que conheceu o pai de Clara, com quem teve vários filhos e com quem finalmente formou uma família.

Penso que sim, seria adequado levantar a hipótese de que as enormes dificuldades de Clara em ter descendência estejam ligadas ao misterioso, segredado e traumático passado de sua mãe. Talvez por causa do conflito de fertilidade, ela evite, sem dar-se conta, transmitir uma carga "radioativa" aos possíveis filhos. Outra vez, *kadish* para uma criança não nascida.

Encontraremos, em ambas as gerações, o impensável, o indizível, o negativo, o processo do segredar, os restos insensatos, os passados em silêncio, as histórias vazias. A nova geração, herdeira compulsória e "continente do negativo" (Puget, 1991), é portadora dessa vesícula que contém produtos tóxicos, receptora singular de uma transmissão defeituosa. Então, por estar dominada por sua dependência e seu apego aos pais, bem como por sua necessidade de ocupar o lugar que lhe é determinado, tentará, por todos os meios, libertar-se desse fardo, quando há um certo predomínio de pulsão de vida.

Penso em Clara e no seu desejo e recordo que, passado um tempo, ela decidiu, juntamente com seu marido, ter uma cachorrinha, a qual batizou com o nome Esperança, na tradução mais sonora e doce que encontrou em outro idioma. Clara iniciava um panorama menos pessimista de como vivia sua pré-história traumática.

Imre Kertész e Clara são exemplos de famílias interrompidas. Por um trauma social e da humanidade vividos, histórico no primeiro caso e pré-histórico no segundo, foram transformados em geração fantasma. São exemplos de transmissão transgeracional que, como mencionado no capítulo anterior, do ponto de vista da natureza e da essência do elo criativo entre as gerações, relaciona-se a uma transmissão psíquica geracional tornada defeituosa, interrompida. As histórias de seus personagens estão colapsadas, coladas umas às outras, interrompendo, dramaticamente, famílias em sua trajetória.

A psicanálise brinda às famílias a possibilidade de sair desta prisão, trazendo palavras e emoção para relações nas quais reinam o silêncio, o vazio e a angústia. Traz também a possibilidade de viver e tramitar no presente, com tudo o que de novo e surpreendente este tenha a oferecer.

Referências

Abraham, N. & Torok, N. (1995). *A casca e o núcleo*. Escuta.

Freud, S. (1986). Introduccion del narcisismo. In *Obras completas* (Vol. 13). Amorrortu. (Trabalho original publicado em 1914).

Gampel, Y. (2006). *Esos padres que viven a través de mí: la violencia de Estado y sus secuelas*. Paidós.

Kertész, I. (1995). *Kadish por uma criança não nascida*. Imago.

Puget, J. (1991). Violencia social y psicoanálisis: de lo ajeno estructurante a lo ajeno-ajenizante. In J. Puget; R. Kaës (comp.). *Violencia de Estado y psicoanálisis*. Centro Editor de America Latina.

Rosenfeld, D. (1993). A identificação e suas vicissitudes em relação ao fenômeno nazista. In *O psicótico: aspectos da personalidade*. Vozes.

3. Identificação alienante: corpo intoxicado e transgeracionalidade

O que será que me dá
Que me queima por dentro, será que me dá
Que me perturba o sono, será que me dá
Que todos os tremores me vêm agitar
Que todos os ardores me vêm atiçar
Que todos os suores me vêm encharcar
Que todos os meus nervos estão a rogar
Que todos os meus órgãos estão a clamar
E uma aflição medonha me faz implorar
(Chico Buarque, "O que será [à flor da pele]")

Madalena e Sandra

Madalena me telefona solicitando uma consulta vincular para ela e a filha, por indicação da terapeuta de Sandra (a filha). Nesse mesmo telefonema, retém-me por aproximadamente 30 minutos, contando, de imediato, que o pai de Sandra abandonou-as quando a filha tinha um ano, que é um psicopata, que foi viver no exterior depois de um golpe financeiro e que nunca mais viu a filha, que agora tem 18 anos. Madalena diz que a filha é psicopata como o pai. "Lamentavelmente, tenho de concluir que isto se transmite geneticamente", diz. Acrescenta que Sandra é manipuladora, que não a respeita e que ela, Madalena, quer que a filha se mude para outra casa, pois não a aguenta mais e que viver com ela é insuportável. Há agressões físicas entre elas e, diz a mãe, "se Sandra não sair de casa, essa história vai terminar em morte". Ainda neste primeiro contato telefônico, como uma metralhadora de informações, me diz que Sandra teve bulimia, fez várias cirurgias plásticas e lipoaspirações e que deseja fazer uma mais, com a qual ela, Madalena, não está de acordo.

No dia da primeira consulta, chegam ambas com roupa de ginástica, transpiradíssimas e, cada uma delas, com dois celulares. A mãe inicia dizendo, em alto tom, que Sandra vai escutá-la de qualquer maneira, e faz um desfile de acusações, além de repetir ali várias das coisas que haviam sido ditas a mim por telefone. Complementa dizendo que Sandra mente, que não a acompanha ao cinema, que elas não têm vida em família, que Sandra se intromete em sua vida e que é um karma para ela.

Nas ocasiões em que Sandra tenta se manifestar, Madalena levanta mais ainda o tom de voz e diz: "Tu vai me escutar, eu sou a mãe. Tu fica quieta! A doutora vai dizer se eu tenho ou não razão: uma filha tem de obedecer e acompanhar sua mãe!". Depois de várias tentativas, Sandra diz que a mãe está mentindo e que ela se sente muito mal por ela querer expulsá-la de casa, além de ter de escutar da própria mãe que é um karma. Sandra diz que Madalena é uma louca e que a mãe havia lhe prometido que faria essa nova lipoaspiração, e agora não quer mais honrar sua palavra. Poucos dias depois, telefonam-me pedindo uma consulta urgente, pois Sandra havia tentado suicídio, precipitado pela recusa da mãe em permitir a nova lipoaspiração. Liberadas da emergência psiquiátrica e na vigência da repetição de tentativas de suicídio, foram a uma sessão espírita e a sessões de massagem, numa busca desesperada por paz.

Nesse caso, vemos uma comunicação que transita pelos subterrâneos das palavras (em que não faltam palavras e, sim, sobram!), com uma invasão violenta de mãe para filha, com conteúdos altamente tóxicos. No corpo de Sandra habita esta vesícula tóxica, esta cripta em cujo interior estão os traumas não processados de sua mãe, Madalena. Sandra tenta se libertar deles, desesperadamente, e o faz por meio de sua compulsão a lipoaspirações. A recusa materna enlouquece ambas. O que será que leva Sandra a aceitar furos em sua pele para a retirada de algo de seu corpo? O que será? Sandra pensa que é um pequeno acúmulo de gordura, mas não será uma vesícula tóxica, uma cripta que habita sua alma? O que será?

Conforme apresentado no Capítulo 1, sobre a teoria de Yolanda Gampel (2006), os sobreviventes do Holocausto e seus descendentes têm seus traumas encapsulados convertidos em "restos radioativos" - que não podem ser transformados em pensamento simbólico e em palavras - e, muitas vezes, esses traumas surgem como manifestações psíquicas ou físicas no próprio sujeito ou em membros das gerações seguintes.

Transmissões intergeracionais e transgeracionais

Como vimos no Capítulo 1, a transmissão psíquica intergeracional é *estruturante* e é por ela que se veiculam heranças constituídas por fantasias, imagos, identificações secundárias etc., organizando uma história familiar, um relato mítico, do qual cada sujeito tem a possibilidade de tomar os elementos necessários para a constituição da sua novela individual neurótica. Essa parece ser a trilha daquelas transmissões psíquicas entre gerações que são bem-sucedidas e nas quais, na clínica, observa-se um predomínio de patologias neuróticas (em contraposição às patologias mais severas e/ou aquelas ligadas ao corpo).

Vimos também que, entretanto, diversas situações podem alterar o rumo das transmissões intergeracionais nas famílias: traumas e/ou lutos não elaborados, segredos, vergonhas, histórias lacunares, histórias de violência, vazios, migrações etc., que aparecem sob a forma de não ditos (mesmo que haja excesso de palavras), silêncio, proibições e não fazem parte do mundo representacional (palavras). Assim, são denominadas transmissões transgeracionais, uma transmissão psíquica que, do ponto de vista da natureza e da essência do elo criativo entre as gerações, tornou-se defeituosa, foi interrompida. Segundo Eiguer,

> *a falta de representação, o vazio, o branco, o buraco, o oco, o desinvestimento materno (por luto, vergonha, sentimento de culpa...) faz nascer no bebê ou criança um espaço de não representação: irrepresentável, que será tanto mais insuportável para a criança quanto menor for a compreensão sobre a origem desse des-investimento. (1998, p. 31)*

Haydée Faimberg (2000) traz também a questão da "mãe morta", de A. Green, dizendo que a sua inacessibilidade pode ser consequência de um luto, uma situação traumática não elaborada. A razão desse desinvestimento materno poderá não só comprometer dramaticamente a capacidade metabolizadora parental das ansiedades primitivas do bebê, como também propiciar uma inversão da linha geracional e a "*rêverie* invertida" (Trachtenberg & Lorenzoni, 2005), ocasião em que o filho se torna depositário da angústia parental.

Nessas famílias não há espaço para o outro, para o diferente, para o *ajeno*, conforme a concepção de Berenstein (2004) e Puget (1991).

Os aportes de Abraham e Torok (1987), na década de 1970, sobre o *luto*, a *cripta* e o *fantasma* foram decisivos para as investigações das transmissões transgeracionais, destacando-se a ideia de que, no inconsciente de um sujeito, se enquista uma parte do inconsciente de um outro, que vem habitá-lo como um fantasma, além do mandato imperativo que o ancestral faz pesar sobre a sua descendência.

A cripta é uma sepultura secreta, uma furna, que mantém em conserva um luto indizível, que contém as palavras não ditas, as lágrimas não derramadas, as cenas não lembradas. Como uma defesa extremada, aquela história habitará uma cripta firmemente lacrada e poderá necessitar encontrar um depósito fora do sujeito. O indivíduo expulsa de dentro de si seu próprio fardo, dirigindo-se à geração seguinte, em processo inconsciente, o que aparecerá então sob a forma de fantasma.

Faimberg (2000), quase em simultaneidade com Abraham e Torok, denominou o fenômeno como "telescopagem de gerações", além do fundamental conceito de "identificação alienante", uma forma particular de identificação projetiva (no meu entender), por meio do qual o não tolerado no psiquismo dos pais é depositado no psiquismo do filho, despojando o mesmo de um desenvolvimento próprio.

A literatura nos brinda com inúmeros exemplos de transgeracionalidade, tanto na ficção quanto em registros autobiográficos, em especial daqueles que puderam fazer uso da palavra, passado seu período de "latência", a fim de contar seus traumas. Entre eles, encontram-se Primo Levy, Jorge Semprún, Imre Kertész, entre outros, todos sobreviventes do Holocausto e expoentes da literatura universal. Também o cinema tem mostrado muitas histórias com essa temática. São histórias e pré-histórias particulares, em que há superposição do conflito intrapsíquico (neurótico) com esse "não representado" histórico, proveniente do traumático vivido e não elaborado em gerações anteriores. O receptor é, assim, capturado por algo que não tem origem nas suas próprias pulsões e sim na história de seus antepassados. Tem, portanto, uma parte de seu psiquismo alienada de si mesmo. A nova geração torna-se herdeira compulsória dessa "vesícula que contém produtos tóxicos" (Puget, 1991), essa "cripta tóxica".

Creio que aqui podemos nos perguntar: Que vesícula, que envoltório, que pele será essa? O que será? O que será que Sandra necessita extrair de seu corpo? Essa vesícula estará quieta, sem produzir angústias, ou, pelo contrário, está "à flor da pele", ativa, em ebulição, tal como nos expressa brilhantemente o poeta? O que será? Não parece se tratar de uma pele vesicular protetora, que envelopa e contém angústias, mas sim o seu oposto. A vesícula, ou cripta, tóxica funciona com risco de ruptura a todo momento, ao mesmo tempo que se comporta como produtora de angústia sem representação, fantasma sem nome. Podemos dizer que houve uma defesa – a cripta – que não foi eficaz, pois aquilo que foi encriptado na primeira geração urge por se manifestar em gerações seguintes (segunda ou terceira).

Nesses casos, o sujeito da geração receptora, por meio das identificações alienantes, tentará, por todos os meios, libertar-se desse fantasma, desse fardo, dessa vesícula, dessa captura. A clínica nos mostra que, numa dada geração, essa vesícula poderá romper-se, comportando-se como um abscesso, ou mostrar outros sinais de intentos desesperados de sua expulsão. Esta toxicidade, que carece de palavras, se expressa, com muita frequência, no corpo de um integrante da família, alvo dessa transmissão transgeracional, sob as mais diferentes formas. Para Luis Kancyper, *todos os sujeitos terão que atravessar inexoravelmente pelo angustiante ato de confrontação com seus pais e irmãos nas realidades externa e psíquica, para desamarrar-se daqueles aspectos desestruturantes de certas identificações. Terá que afrontar aquilo que o outro (mãe, pai, irmão) nunca pôde confrontar. (2004, p. 192)*

Referências

Abraham, N. & Torok, M. (1995). *A casca e o núcleo*. Escuta.

Berenstein, I. (2004). *Devenir otro con otro(s): ajenidad, presencia, interferencia*. Paidós.

Eiguer, A. (1998). La parte maldita de la herencia. In A. Eiguer et al. *Lo generacional: abordaje en terapia familiar psicanalítica*. Amorrortu.

Faimberg, H. (2000). Entrevista. *Psicanálise – Revista da Sociedade Brasileira de Psicanálise de Porto Alegre* 2(1), 249-266.

Gampel, Y. (2006). *Esos padres que viven a través de mi: la violencia de Estado y sus secuelas*. Paidós.

Kancyper, L. (2004). *El complejo fraterno: estudio psicoanalítico*. Lumen.

Puget, J. (1991). Violencia social y psicoanálisis: de lo ajeno estructurante a lo ajeno-ajenizante. In J. Puget & R. Kaës (comp.). *Violencia de estado y psicoanálisis*. Centro Editor de America Latina.

Trachtenberg, A. R. C. & Lorenzoni, M. (2005). Identificações traumáticas, congelamento e transgeracionalidade. *Psicanálise – Revista da Sociedade Brasileira de Psicanálise de Porto Alegre*, 7(2), 347-368.

4. O passado transgeracional na pessoa do analista: re-*volver*[1]

Tengo miedo del encuentro
con el pasado que vuelve
a enfrentarse con mi vida ...
Tengo miedo de las noches
que pobladas de recuerdos
encadenan mi soñar ...
Pero el viajero que huye
tarde o temprano detiene su andar ...
y aunque el olvido, que todo destruye,
haya matado mi vieja ilusión,
guardo escondida una esperanza humilde
que es toda la fortuna de mi corazón

(Carlos Gardel, Fernando Maldonado
e Alfredo Le Pera, "Volver")

---

1 Trabalho apresentado originalmente em espanhol, no Primer Encontro de Familia y Pareja "Perspectivas Psicoanalíticas sobre los Vínculos de Familia y Pareja" da Fepal. Buenos Aires, 14 e 15 set. 2007. (Tradução ao português de Maria Regina Lucena Borges).

O jornal

Um dos jornais mais importantes do Sul do Brasil tem um caderno especial, todos os sábados, que se chama "Vida" e é dedicado a questões variadas de saúde. E uma de suas páginas, desenvolve temas escolhidos interativamente pelos leitores. Há alguns meses, uma grande porcentagem desses leitores solicitou uma reportagem jornalística sobre psicanálise e, por isso, um jornalista telefonou requisitando minha colaboração para o tema da transgeracionalidade. Eu o recebi em meu consultório e o resultado, após quase uma hora de conversa, foi uma matéria com o título "Um combate aos fantasmas". A chamada periodística foi: "A transmissão inconsciente de traumas de pessoas da família pode afetar outras mais jovens no futuro". Propus também que ele incluísse uma nota sobre o filme *Volver*, de Almodóvar, e ele assim o fez.

Um pedido

A secretária eletrônica de meu consultório registra a seguinte mensagem: "Aqui fala Maria de Fátima, e quero pedir uma consulta com a Dra. Ana Rosa. Meu telefone é tal" (ela deixa o número do celular).

O contexto

Como é do conhecimento de todos nós, vivemos em um país de alarmante violência urbana, comparável a violência ou terrorismo de Estado, não somente pelo número de mortos em consequência de tal situação, mas também por impotência, temores e alterações da vida cotidiana que ela nos impõe. Em alguns momentos, é como se vivêssemos em um país em guerra. Incorporamos rotinas cada vez mais absurdas e restritivas, sem nos darmos conta do seu significado.

Para nós, psicanalistas, é grande a preocupação sobre qual poderá ser a incidência de tais características em nosso psiquismo de hoje e de amanhã. Não temos respostas, naturalmente, mas, sim, muitas perguntas e tantos mecanismos de defesa quanto nossos pacientes e a população em geral. Não raro, chega ao nosso consultório um paciente que conta ter sido assaltado no dia anterior, que foi alvo de um sequestro relâmpago etc. Tampouco são raras as histórias de assalto à mão armada aos consultórios médicos, odontológicos e psicanalíticos, depois de falsos pedidos de consulta.

É um trabalho psicanalítico bastante intenso e peculiar o nosso para permitir-nos, depois de escutar a angústia de nossos pacientes, não cair na forte tendência – deles e nossa – de banalizar ou vulgarizar essa violência ou suas marcas. Também com preocupação, percebemos que tudo isso subtrai o mais digno de nós, que é a capacidade de indignação diante de semelhantes atos. Lamentavelmente, com muita facilidade, o conjunto em interação, o vínculo analista/paciente, se potencializa em desmentidos, cisões e formações de criptas.

Voltando à Maria de Fátima

Eu telefono para M. F., em resposta a sua mensagem, e ela me explica que pede uma consulta devido à reportagem do jornal, tendo encontrado meu telefone no site da sociedade psicanalítica. Diz, então, seu nome completo, soletrando-o, pois não é um sobrenome simples. Fornece-me, também, seu telefone domiciliar. Apesar de minha insegurança por não ter uma referência endogâmica do pedido, e surpreendida por certa angústia, combinei um horário para a primeira entrevista.

Minha fantasia inicial era de que M. F. poderia ser uma assaltante, mas, ao mesmo tempo, ela havia me despertado muita curiosidade, o que aumentava o meu temor. Da mesma maneira, ao pensar no detalhe de seu cuidado em me dizer bem como escrever seu sobrenome ou fornecer seu telefone domiciliar, aumentava meu temor, como se essas minúcias tivessem por objetivo me tranquilizar. Enquanto se passavam os dias até a data combinada, minha angústia não diminuía, mas, desde a parte da minha mente que pensava tratar-se simplesmente de alguém muito necessitada de ajuda e não de uma assaltante, não queria abrir mão do desafio de escutá-la.

No entanto, quando minha mente se via invadida por um bando de assaltantes, eu planejava uma operação defensiva, que consistia, por exemplo, em deixar de sobreaviso o porteiro do meu edifício, levar meu telefone celular para a sala de atendimento, combinar alguma senha com alguém etc. Eram, afinal, diferentes planos de ação, mas nenhum concretizado (o único que fiz foi, no dia anterior à primeira consulta, ligar para a seção de informações da Telefônica para ver se o número que ela havia me transmitido constava realmente em seu nome. Coincidia, que alívio: M. F. tinha um domicílio!).

Comentários

Minha primeira observação sobre o sucedido é no sentido de tentar pensar o que não foi pensável naquele momento. Aquela reação tão intensa e desproporcionada me faz perguntar: o que ali se passou? Seriam meus pontos cegos ou eu estaria enlouquecendo? Pensar em meu intrapsíquico é suficiente? O que M. F. estaria colocando tão intensa e violentamente em minha mente, em minha pessoa, desde o seu telefonema? O que foi aquilo vivido por mim? A quem correspondia esse temor? Onde estavam os fantasmas citados no jornal? Parece que tinham me invadido e eu não podia vê-los, nem pensá-los. O que M. F. estaria me transmitindo?

Possivelmente motivada pela pista do jornal, que incluía Almodóvar e o filme *Volver*, eu recordava, enquanto corriam os dias, o tango homônimo que deu o título ao filme e no qual a canção é divinamente interpretada por Penélope Cruz. Chamava minha especial atenção quando dizia:

Tengo miedo del encuentro
con el pasado que vuelve
a enfrentarse con mi vida…
Tengo miedo de las noches
que pobladas de recuerdos
encadenan mi soñar...

Pero el viajero que huye
tarde o temprano detiene su andar...
y aunque el olvido, que todo destruye,
haya matado mi vieja ilusión,
guardo escondida una esperanza humilde
que es toda la fortuna de mi corazón.

Minha angústia estaria relacionada ao que diz o tango? Estaria a ponto de *volver*, voltar, retornar, e que eu vivia com perplexidade e sem palavras? Na contratransferência? Qual seria o encontro tão temido? Algum passado? Qual passado? De quem?

Simultaneamente, acompanhava e impulsionava-me a ideia de que a paciente me transmitiria, tal como diz a canção, sua parte que "guarda escondida uma esperança humilde, que é toda a fortuna de meu coração".

O encontro

Chegada a hora que havíamos combinado, esperei a chegada de M. F. ainda preocupada, mas sem qualquer preparação, tipo serviço secreto. M. F. chegou sozinha ao meu consultório, sem o "bando" de minha imaginação. Comecei a me tranquilizar ao vê-la e escutá-la, pois era uma mulher com ansiedade, contando-me que, ao ler o jornal, pensou que a história de sua família poderia ter muito em comum com o que ali estava escrito. Expressou, com emoção, que não terminou de entender o que se passou com sua família antes e depois de seu nascimento e mesmo durante sua infância. Contou que há muitos segredos, histórias mal contadas e silêncios. Eram em muitos irmãos, alguns criados pelos avós ou tios, outros pela mãe. Os pais não viviam juntos e a mãe não podia interferir na educação dos filhos, tudo era do domínio do pai. Passaram a viver em família apenas quando M. F. já tinha 10 anos. Entretanto, nunca se falou e tampouco se fala hoje em dia a respeito desse movimento familiar. Ocorria algo esquisito: era muito diferente das outras famílias! "O que acontecia ali?", pergunta-se a paciente. Ela traz uma hipótese e me informa que é sua, não fruto de conversas ou esclarecimentos em sua família: acredita que sua mãe era prostituta, e seu pai, apaixonado, foi fazendo-lhe filhos e mantendo-os sob controle.

Finalizando...

M. F. me fez viver com ela, ou talvez por ela, o assalto dos fantasmas que rondam sua vida, derivativos de sua história, mas também de sua pré-história, que insistem em retornar, *volver* e que a ameaçam. Não me refiro a um retorno do reprimido, ainda que ele possa ser um componente desse sinistro conhecido/desconhecido, ausência/presença do passado silenciado, segredado e transmitido transgeracionalmente. Penso que M. F. tem a mesma vivência ambígua – *querer* e *temer* – que me acompanhou por vários dias. Transmitiu-me, sem o saber, e me impôs o que havia vivido de modo passivo: invadiu-me com uma parte de sua mente que vai além das palavras e corresponde a uma necessidade de fazer o outro viver o que é intolerável viver, pensar ou falar. Forçou-me a viver o assalto dos fantasmas de família, passado/presente do transgeracional.

Seu passado familiar segredado faz-se presente por meio de minha pessoa, de minha mente? Esse espaço vincular entre paciente e analista seria um lugar de emergência para manifestações simultâneas de diferentes tempos e espaços psíquicos? Passado e presente do familiar, o transgeracional, o intrapsíquico, o intersubjetivo, o transubjetivo, o social. Todos parecem colapsados e amalgamados, como se fossem um sonho de ambos, entre ambos e de nenhum, do vínculo. Acaso seria, como disse Freud a propósito dos sonhos, a via régia para novos conhecimentos?

5. Transgeracionalidade e adoção: da parentalidade traumática ao trabalho vincular

Os rios recebem, no seu percurso,
pedaços de pau,
folhas secas, penas de urubu
E demais trambolhos.
Seria como o percurso de uma palavra
antes de chegar ao poema.
As palavras, na viagem para o poema, recebem
nossas torpezas, nossas demências, nossas vaidades.
E demais escorralhas.
As palavras se sujam de nós na viagem.
Mas desembarcam no poema escorreitas:
como que filtradas.
E livre das tripas do nosso espírito.

(Manoel de Barros, "Comparamento")

Adoção e transgeracionalidade podem estar entrelaçadas em sua origem. A transmissão transgeracional é um dos destinos possíveis nas adoções, porém, não é o único. Podemos iniciar nossa reflexão com a lembrança de Freud que, em 1914, no fundamental texto "Introdução ao narcisismo" (1986), declarou que o indivíduo é, em si mesmo, seu próprio fim, mas se encontra vinculado a uma corrente geracional como elo de transmissão, sendo seu beneficiário e herdeiro. Podemos afirmar que há, em todo ser vivo, uma urgência em transmitir, em ter descendência, ligada às pulsões de autoconservação.

Piera Aulagnier-Cartoriadis (1997) diz, a propósito do contrato narcísico, que existe um pré-investimento dos pais em relação ao bebê, ao qual reservam um lugar legítimo. A criança demanda ao grupo o reconhecimento de que ela lhe pertence, enquanto o grupo lhe demanda a preservação de seus valores e leis, previamente estabelecidos. A autora também ressalta a importância da função de "porta-palavra" da mãe e diz que, quando a palavra não é trazida, o *infans* fica psiquicamente mutilado. Apoiada em Bion, diz que a criança só pode constituir objetos de pensamento sob a condição de terem sido transformados pela função alfa da psique materna.

O exposto acima liga-se à noção de transmissão psíquica entre gerações. Os aspectos levantados até o momento são comuns tanto às filiações de sangue como às filiações por adoção. Refere-se, portanto, a uma transmissão intergeracional que, como já apresentado anteriormente, trata-se de uma transmissão estruturante pela qual se veiculam heranças constituídas por fantasias, imagos, identificações secundárias etc., organizando uma história familiar, um relato mítico, do qual cada sujeito tem a possibilidade de tomar os elementos necessários para a constituição da sua novela individual neurótica. Esse tende a ser o caminho daquelas transmissões psíquicas entre gerações que são bem-sucedidas, podendo estar presentes em famílias com crianças adotadas, mesmo que em adoções inter-raciais. Como explica Gina Levinzon,

> *uma criança mulata criada por pais brancos, por exemplo, pode ter acesso a história, tradições e costumes da cultura negra, de modo a abrir espaço para que ela inclua estes elementos em sua vida e possa celebrá-los.* (2013, p. 173)

Com o aparecimento de situações como traumas e/ou lutos não elaborados, segredos, vergonhas, histórias lacunares, histórias de violência, vazios, migrações etc., pode-se alterar o rumo das transmissões intergeracionais. Por meio de não ditos, silêncios, proibições etc., que não fazem parte do mundo representacional (palavras), podem ser inauguradas, na história de muitas famílias, as transmissões transgeracionais. Também como já tratado anteriormente, observamos nesses casos uma inversão da linha geracional, momento em que o filho se torna depositário da angústia parental. A transmissão predominante ocorre *através* dos sujeitos, com violenta invasão do psiquismo, numa passagem direta de formações psíquicas em estado bruto, sem elaboração, de um sujeito a outro, de uma geração a outra, sem a necessária preservação dos espaços ou das bordas da subjetividade.

Essa história, ou não história, repleta de não ditos, de segredos, necessita ser dissociada ou *clivada* pelo sujeito, como uma defesa frente a uma enorme ameaça de dor, sofrimento e ruptura psíquica que um possível contato dos afetos e/ou das palavras com a situação traumática seria capaz de produzir. Já com uma defesa extremada, aquele segredo habitará uma cripta, firmemente lacrada.

Adoção e segredo

Há, na contemporaneidade, uma certa difusão na cultura da orientação aos pais adotivos para que contem aos filhos a história da adoção. Quando isso é possível, tanto do ponto de vista objetivo como do ponto de vista subjetivo, facilita às famílias e às crianças um trânsito ao nível do neurótico, das palavras, da significação, da representação. Mesmo que permaneçam os mistérios inerentes à adoção, tal como o mito das origens da mãe biológica, criam-se as condições para um terreno neurótico de desenvolvimento, sem o predomínio dos vazios e das angústias sem nome, característicos das patologias mais severas. No caso das adoções há, via de regra, um denominador comum na história parental, situações traumáticas que podem haver transitado sem elaboração e que atuam como facilitadoras para uma transmissão transgeracional. Assim, a inclusão e o trabalho com os pais são fundamentais na clínica psicanalítica, como nos alerta Levinzon:

> *Os pais adotivos são um polo essencial a ser considerado no estudo da transmissão psíquica na adoção. Sua motivação representa um aspecto importante e que pode influenciar na evolução saudável deste tipo de filiação. (Levinzon, 2013, p. 111)*

A questão do *segredo* nas adoções conduz nosso foco para mais um aspecto e leva nossa mirada para a história (ou pré-história) do casal parental adotante. Levo em consideração aqui tão somente a situação de adoção por infertilidade de casal parental heterossexual, embora sabendo que há muitas outras razões para a adoção de uma criança, reservadas para outros momentos de reflexão. A infertilidade é sempre uma ferida narcisista, uma situação traumática em si mesma, que poderá ser elaborada ou não, na dependência de muitos fatores, entre os quais incluo a resiliência. São muito comuns os casos de infertilidade que em si mesmos podem ser alvo de segredos, motivados pela vergonha da ferida narcisista que a impossibilidade de gerar filhos biológicos representa. Pode ser criada aí uma zona de vazio, uma confusão entre privacidade e segredo, que transitará nos subterrâneos da comunicação e que perpetua, segundo Lisondo (2018), a esterilidade psíquica.

Outras vezes, rastreando a história familiar e a história de infertilidade da mãe adotiva, não raro encontramos segredos ou traumas não elaborados em gerações passadas. Por exemplo: prostituição em avós, filhos mortos, história de abortos repetidos etc. Dito em outras palavras, podemos encontrar, na mãe adotiva, uma escrava de uma história transgeracional na qual ela está capturada e que tem manifestações no corpo e na mente, guardando estreita relação com a infertilidade (Trachtenberg, 2019).

Aparece, também, uma pressão inconsciente para que os filhos elaborem os traumas não elaborados dos pais, o que Kancyper (1997) denomina "identificação redentora".

> *Outro ponto digno de nota refere-se à angústia de separação entre pais e filhos adotivos. Como o ponto mais sensível da parentalidade adotiva refere-se à solidez do vínculo estabelecido, separar-se pode trazer consigo novamente o medo da perda traumática do outro. Implicações importantes no desenvolvimento do psiquismo da criança decorrem do maior ou menor grau de elaboração desse tipo de sentimento. Contar ao filho que é adotado representa muitas vezes um ponto de tensão, em função*

> *do temor que este privilegie seu passado genético e rejeite os pais adotivos. Muitas informações sobre o processo de adoção permanecem em segredo para a criança e, aos poucos, vão sendo comunicadas a ela, quando se sente segurança no vínculo.*
>
> *A transmissão psíquica na adoção pode se dar de forma saudável, como em todas as formas de relacionamento pais e filhos. Elementos inconscientes, angústias, fantasias, fazem parte do cotidiano normal dos seres humanos. (Levinzon, 2014, p. 112)*

A "clínica da vincularidade" (Puget, 2015) nos abre a perspectiva da esperança da permanente subjetivação do sujeito que ocorre no trabalho vincular. Novos sujeitos surgem a partir do "entre dois" e do encontro que modifica ambos. Assim sendo, a nova dupla parento-filial brinda-nos com caminhos inéditos para refletirmos sobre as adoções. Vale a pena estimular novas escutas, não saturadas pelas histórias traumáticas do passado histórico e pré-histórico, sem destituir sua importância. Transformar uma escuta parento-filial e analítica, baseada na causalidade, em outra na qual se abre espaço para o novo e inédito, permeado pela casualidade, pode ser um enorme e magnífico desafio.

Referências

Abraham, N. & Torok, M. (1995). *A casca e o núcleo*. Escuta.

Cartoriadis-Aulagnier, P. (1997). *La violencia de la interpretación: del pictograma al enunciado*. Amorrortu.

Freud, S. (1986). Introducción del narcisismo. In *Obras completas* (Vol. 13). Amorrortu. (Trabalho original publicado em 1914).

Kancyper, L. (1997). *La confrontación generacional: estudio psicanalítico*. Paidós.

Levinzon, G. K. (2013). Adoção inter-racial na clínica psicanalítica: a construção de um sentimento de identidade própria. *Revista Brasileira de Psicanálise*, *47*(2). 166-175.

Levinzon, G. K. (2014). Adoção e transmissão psíquica. In R. B.

Levisky; I. G. C. Gomes; M. I. A. Fernades (orgs.). *Diálogos psicanalíticos sobre família e casal: as vicissitudes da família atual* (Vol. 2), . Zagodoni.

Lisondo, A. B. D. (2018). O trabalho psicanalítico com os pais na adoção: luzes e sombras. In G. K. Levinzon & A. B. D. Lisondo (orgs.). *Adoção: desafios da contemporaneidade*. Blucher.

Puget, J. (2015). *Subjetivación discontinua y psicoanálisis: incertidumbre y certezas*. Lugar Editorial.

Trachtenberg, A. R. C. (2019). Famílias interrompidas. In Jornada da Revista da Sociedade Brasileira de Psicanálise de Porto Alegre sobre Corpo. Porto Alegre-RS, Brasil. (não publicado)

6. Agonias impensáveis e transgeracionalidade[1]

Um dia vestido de saudade viva
Faz ressuscitar
Casas mal vividas, camas repartidas
Faz se revelar
Quando a gente tenta de toda maneira
Dele se guardar
Sentimento ilhado, morto, amordaçado
Volta a incomodar.

(Clodô e Clésio, "Revelação")

Os estudos sobre a transgeracionalidade nascem com o Holocausto, com o genocídio e sua relação com a violência, com o inominável e com o irrepresentável que está em sua própria origem. As transmissões psíquicas entre gerações são inconscientes e podem desempenhar um importante papel na patologia das gerações seguintes, por meio da *repetição de histórias*.

1 Trabalho adaptado do apresentado no Encontro Febrapsi "Agonias Impensáveis". Salvador/BA, 2009.

Freud nos ensinou, magistralmente, a pensar a repetição como expressão da pulsão de morte. Repetição "com-pulsão". A clínica psicanalítica, na atualidade, nos oferece possibilidades complementares de escuta e de ajuda a nossos pacientes. A repetição poderá ser pensada desde as pulsões mas também sob a ótica da história de nossos pacientes, de suas identificações secundárias. Podemos encontrar, além disso, não sem surpresa, a origem das repetições na pré-história de nossos pacientes, na história de seus antepassados.

A transmissão transgeracional é invasiva e costuma estar relacionada a situações de traumas, lutos, violências (pessoais ou sociais) e vergonhas, presentes e/ou passadas. Ela é potencialmente desestruturante para a geração receptora, pois não há circulação de palavras ou afetos. Predominam, em seu lugar, o silêncio e o segredo. Como vimos nos capítulos anteriores, a desmentida, a cisão e a formação de criptas são exemplos de defesas extremadas contra a ameaça de ruptura psíquica que o contato emocional com o trauma poderia representar para a geração que o vivenciou. Para esse sujeito, torna-se intolerável lembrar, rememorar, pensar, sentir, sonhar ou falar. E a não elaboração, portanto, abre o caminho para a formação de criptas, a transmissão inconsciente de tais vivências e a repetição transgeracional.

A transmissão transgeracional ocorre, portanto, quando não há metabolização psíquica: o não elaborado na história dos pais, o impensável, o indizível, o inominável, o inconfessável pode ser transmitido como material bruto e depositado na geração seguinte, sem ser pensado ou simbolizado. Trata-se de uma forma particular de identificação projetiva, que aparece na literatura com variados nomes – identificação alienante, traumática, narcísica, mórbida, extrativa, radioativa, telescopagem de gerações etc. Nesses casos, o filho deixa de ser um *herdeiro* – elo na cadeia geracional – e passa a ser um *escravo* – depositário, hospedeiro dos produtos tóxicos dos pais ou daquilo que os excede. Vive uma vida que, ao menos em parte, não é sua, mas é uma parte alienada do psiquismo, que não lhe pertence. A criança carrega, ao obedecer ao mandato transgeracional, o indizível, o irrepresentável, o fantasma dos pais, que poderá se fazer presente por meio de um sintoma, uma patologia ou alguma outra manifestação. Poderíamos dizer, numa fórmula simples, que: *aquilo que uma geração cala, a outra fala*. Tais manifestações sintomáticas são, muitas vezes, salvadoras para o psiquismo de uma criança, já que assim poderá gritar por ajuda terapêutica. E é especialmente em nossos consultórios, no interior mesmo de um processo analítico, por meio da surpresa na contratransferência, que o sinistro, subitamente, se faz presente. Entretanto, estaria a psicanálise hoje preparada para brindar essa ajuda tão silenciosamente buscada?

Na clínica, Maria padecia de depressão e ansiedade crônicas, e a atividade profissional era a única exitosa em sua vida. Num de seus primeiros anos de tratamento, no retorno das férias de fevereiro, apresentou-se uma situação aparentemente comum aos demais meses do ano. Maria queixava-se de cansaço e angústia. Simultaneamente, e num estado de perplexidade, confusão e não compreensão, passei a ter uma reação contratransferencial surpreendente: lavar minhas mãos cada vez que terminava sua sessão, após a habitual despedida com um aperto de mãos. Esta cena compulsiva repetiu-se por algumas semanas até que, em meio a essa desagradável situação, uma parte do mistério se desfez: Maria teve hemoptise (escarro com sangue) num final de semana, e foi realizado o diagnóstico de tuberculose pulmonar. Seu corpo explodiu bruscamente, sem ter podido emitir sinais compatíveis com seu deterioro físico progressivo.

Um pouco mais da clínica: Maria tem uma irmã, que esteve desaparecida por longos anos durante a ditadura militar, na Argentina, quando era considerada pela família uma filha morta, da qual não se falava ou chorava, até a chegada de um vago indício de que poderia estar viva. No retorno, a irmã de Maria estava com doença mental e física, com crises de soltar sangue pela boca. Da história e da pré-história familiar de Maria, alguns elementos impõem-se como lugares comuns: ausências de palavras, segredos e violências físicas como formas de resolução de problemas ou conflitos. Filhos "mortos" por abandono ou exclusão social em mais de uma geração foram se revelando, para Maria e para mim, ao longo do tratamento.

Refletindo sobre a clínica, me pergunto: por que e como a analista detectou, por meio de seu corpo, seu sintoma, o que Maria não pôde detectar e mostrar de si mesma? A doença infectocontagiosa de Maria foi percebida pela analista e, somente por esta, por meio de um sinal contratransferencial – a necessidade de lavar as mãos após o término de cada sessão. A paciente, assintomática durante semanas, não referia verbalmente nada que fizesse pensar no seu grave estado de saúde. Penso, e somente agora é possível pensar, que houve no campo analítico um conhecimento não possível de ser compreendido por nenhuma das partes. De um lado, um corpo desenvolvendo uma doença infectocontagiosa num ritmo galopante, com ausência de manifestações, percepções, palavras compatíveis com tal fato. De outro, uma mente que tenta pensar e não consegue e que se vê invadida por uma manifestação sintomática pela qual, do ponto de vista descritivo, poderia ser vista como uma tentativa de não se infectar.

Trata-se de uma excitação potencialmente traumática, desorganizadora, que, se ingressasse ao aparelho psíquico de Maria, evidenciaria esse seu poder traumático. Evidenciando-se na contratransferência por meio do corpo do analista, é como se esta energia permanecesse entre os dois sujeitos. Para Maria, a própria percepção seria altamente desorganizadora do psiquismo. Para o objeto da projeção desta "energia desorganizada", entrar por meio da mente significaria uma ruptura da barreira antiestímulo. Restou, como recurso, como última trincheira, receber esta projeção, porém, por intermédio do corpo.

Mente e corpo do analista funcionam como barreira antiestímulos, e o sinal contratransferencial é a angústia preparatória do analista, que o leva a procedimentos mentais que objetivam uma proteção do seu aparelho psíquico. A sua barreira antiestímulos tenta, dessa forma, resguardar-se de perfurações traumáticas.

Quando estamos frente a situações de predominância da silenciosa pulsão de morte, traumáticas em si mesmas, faltam as palavras, falta a inscrição no aparelho psíquico; ocorre a projeção de grandes volumes de estímulos sobre o analista, e a este faltará o apronte angustiado e o sinal de angústia. Assim, estão dadas as condições para uma situação contratransferencial traumática. Transformar esta inundação de energia livre em energia ligada é a proposta do aparelho psíquico, a fim de dominar o trauma.

Assim como nas neuroses traumáticas, o trabalho do sonho cumpre esta função. Nas contratransferências traumáticas, ocorrem tentativas por todos os meios, por todas as vias, de processar, de ligar, de colocar palavras, de repetir para elaborar, de sonhar. Cada lavagem de mãos é como uma tentativa de dar significado a este estímulo, aproximar-se da representação que não pode ser percebida nem pensada. Ainda estamos, porém, no terreno do irrepresentável.

Em "Lo ominoso" (1919/1986), Freud diz que se "experimenta o sentir e a vivência da outra; a identificação com outra pessoa ao ponto de enganar-se sobre o próprio ser ou situar o ser alheio no lugar do próprio [...] e, por último, o permanente retorno do igual" (p. 234). Bollas (1992) diz que nós, os analistas, registramos somaticamente nossa percepção ("do conhecido não pensado") de uma pessoa, "carregamos" o seu efeito em nossa psique-soma, e isso constitui uma forma de conhecimento somático, o qual (uma vez mais) não é pensado. Baranger (1982), a propósito do campo psicanalítico, diz que as reações contratransferenciais que implicam uma permeabilidade afetiva deverão servir de bússola para o entendimento daquilo que subjaz ao discurso do analisando, tendo o corpo como intermediário. Antonino Ferro (2000) nos diz que se acrescenta complexidade ao *campo atual, horizontal*, espremido no *aqui* e *agora*. Uma complexidade semelhante a de um campo vertical, que compreende o multigeracional: personagens de diferentes temporalidades (gerações), que pedem ou necessitam, de qualquer forma, entrar em cena por conta própria.

Nós, analistas, devemos conter por algum tempo partes não assimiláveis dos pacientes e, enquanto isto dure, processamos, transformamos, desintoxicamos e caminhamos no sentido de dar um significado ao conhecido não pensado, de tornar pensável o impensável.

Em outro momento, utilizei a ideia de uma identificação projetiva que ia "mais além", na falta de elementos teóricos, para tentar descrever o insólito da minha reação contratransferencial.

> *Tratando-se de uma doença orgânica processual, que vai desorganizando o corpo da vítima, penso que a identificação projetiva toma formas ainda mais primitivas: ela é mais além. É um corpo a corpo sem palavras e sem pensamentos, é um aparelho psíquico que funciona também primitivamente, tentando livrar-se do estímulo indesejado, desorganizado e desorganizador, depositando-o num objeto privilegiado para recebê-lo. A contrapartida desta situação, a contratransferência, também se manifesta sob uma forma primitiva, através do corpo. (Trachtenberg, 1996, p. 6)*

Com a incorporação de novas formas de escuta psicanalítica e com os estudos de transgeracionalidade, tornou-se possível visualizar outras formas de identificação projetiva, conforme já coloquei anteriormente.

Vou me apoiar nas contribuições de Haydée Faimberg (2000), que descreve as identificações alienantes amalgamadas com a transmissão entre gerações, que sublinham e repassam um modo narcisista de solução de conflitos, dão conta de que a regulação ocorre por meio das funções de intrusão e apropriação. O modelo desta identificação é o da "telescopagem encaixe", aquele das bonecas russas que entram umas dentro das outras; ou também o das carambolas automobilísticas, nas quais um carro entra dentro do outro. Aqui, porém, os elementos que se encaixam são as gerações, por meio da transmissão de um segredo, de uma situação não vivenciada afetivamente (não representada nem representável para esse sujeito).

Assim, ocorre este movimento de uma geração para a outra quando o progenitor invade a mente de seu filho, parasitando-o ativamente com seu segredo, sua própria dolorosa e clivada história, tornando-o cativo de uma história que pelo menos em parte não é a sua. Estas identificações são inaudíveis por longos períodos e poderão se manifestar por meio da *escuta da escuta*, da *escuta da surpresa* e da *clínica do mal-entendido*, sempre no eixo contratransferência/transferência (nesta ordem). O seu aparecimento ocorre sob a forma de uma invasão, e a sua irrupção na situação analítica provoca, inicialmente, uma surpresa paralisante de grande intensidade, além de deixar o analista descolocado e confuso.

Penso que, tal como aconteceu com Ana Rosa/Maria, o corpo do analista funcionou como um cenário sintomático daquilo que o corpo do paciente cala. Esta inquietação contratransferencial prolongada, que se acompanhava de angústia, não encontrou um escoamento transformador não corporal, talvez devido à natureza desta situação traumática (transgeracional), que conduziu o silêncio para além do silêncio das palavras.

Na atualidade, pensaria o fenômeno descrito também a partir da vincularidade, entre dois ou mais outros, de acordo com Berenstein e Puget (como citado em Trachtenberg et al., 2018), assim como a partir dos aportes de Julio Moreno (2002) a respeito da lógica conectiva. Estas últimas reflexões ficam, entretanto, como um pensar futuro, aberto a refletir, mantendo nosso mistério.

Referências

Baranger, W. (1982). Los afectos de la contratransferencia. *Actas del XIV Congreso Latinoamericano de Psicoanálisis*, Buenos Aires. Fepal. (pp. 197-200). Garamond.

Bollas, C. (1992). *A sombra do objeto: psicanálise do conhecido não pensado*. Imago.

Faimberg, H. (2000). Entrevista. *Psicanálise – Revista da Sociedade Brasileira de Psicanálise de Porto Alegre*, 2(1), 249-266.

Ferro, A. (2000). Notas sobre o atuar, a contratransferência e o campo transgeracional. In *A psicanálise como literatura e terapia*. Imago.

Freud, S. (1986). Lo ominoso. In *Obras completas* (Vol. 17). Amorrortu. (Trabalho original publicado em 1919).

Moreno, J. (2002). *Ser humano: la inconsistencia, los vínculos, la crianza*. Libros del Zorza.

Trachtenberg, A. R .C. (mar. 1996). A propósito da contratransferência primitiva. In *Boletim Científico do Grupo de Estudos Psicanalíticos de Porto Alegre*, 2, 5-9.

Trachtenberg, A. R. C. et. al. (2018). Tributo a Isidoro Bernstein: "Vir a ser outro com outro(s)". In *Por que psicanálise vincular?* Criação Humana.

7. Édipo: configuração e complexo[1]

Temo por meus olhos
diante das puras vestes.
E no entretanto, desejo.
Temor que sugere o epílogo
de ser cântaro partido
ao lado de fonte pródiga.
A não contemplar, prefiro
definitiva cegueira.
Não como os homens cegos,
mas como os pés das crianças
que são cegos, caminhando.
(Thiago de Mello, "Temo por meus olhos")

1 Releitura do artigo "Édipo: configuração e complexo: um adolescente no desfiladeiro" (Publicado em *Psicanálise – Revista da Sociedade Brasileira de Psicanálise de Porto Alegre*, *6*(1), 183-192, 2004). Apresentado no "Encontro com os Fundadores", em maio de 2019 (Publicado em *Psicanálise – Revista da Sociedade Brasileira de Psicanálise de Porto Alegre*, *622*(1), 100-115, 2020).

Pretendo, neste capítulo, contar uma história: a de Édipo e Laio. Um filho e um pai como tantos outros. Seu início é o Édipo freudiano, neurótico, que rapidamente se encontra com a sua faceta narcísica e cruza com Laio - paradigma do pai narcisista - no desfiladeiro. Desses encontros, ou desencontros, nasce o futuro de uma relação. Pensar nos vínculos subjetivantes é pensar o aparelho psíquico como um sistema aberto, que se organiza com zonas diferenciadas, denominadas espaços, com representações relativas às experiências que o sujeito desenvolve consigo, com os outros e com o contexto social.

Assim, observamos o sujeito e suas raízes simultâneas em vários mundos, e cada um deles entrando em cena de acordo com o estímulo recebido. Teríamos, então, três espaços psíquicos, de acordo com Isidoro Berenstein:

1. Espaço intrasubjetivo - é o mundo interno, com suas representações, fantasias, sonhos. Ele precisa do outro para se constituir, mas se move independentemente da presença deste.

2. Espaço intersubjetivo - é o espaço no qual o sujeito está com o outro e com ele intercambia amor, ódio, ternura. Esse espaço só se configura na presença do outro e determina a diferença entre sujeitos.

3. Espaço transubjetivo - é o espaço sociocultural, no qual se estabelecem relações com um ou vários representantes da sociedade: valores, crenças, ideologias, história, tragédias sociais.

O complexo de Édipo tem um lugar no tempo, tanto sincrônico quanto diacrônico, porém, a sua relação com a temporalidade está dada não só pela sexualidade infantil, com a diferença entre os sexos, mas também pela diferença entre gerações. É na dupla diferença do complexo de Édipo (Green, 1993, 1996), a diferença de sexos e de gerações, que reside o seu alcance estrutural e histórico para a organização do desejo humano.

Conforme Green, as hipóteses de C. Lévi-Strauss sobre a proibição do incesto, como norma e fundamento para a diferença entre natureza e cultura, tiveram enorme influência nos desenvolvimentos psicanalíticos pós-freudianos, especialmente quando Lacan propõe uma interpretação do complexo de Édipo que relaciona o desejo, a satisfação natural da sexualidade incestuosa e a lei por meio da proibição paterna. A importância da proibição do incesto reside em estabelecer um sistema de relações de parentesco como relações de relações; a reprodução biológica encontra-se, portanto, regulada pela proibição do incesto.

O grande desafio do ser humano, colocado no enigma da Esfinge e especialmente ativo ao longo do processo adolescente, é descobrir como o filho do rei pode também tornar-se rei como o pai, ocupar seu lugar sem chocar-se com ele ou afastá-lo. Com o fluxo das gerações, a sucessão dos estágios que marcam a humanidade, e que estão ligados à temporalidade e à imperfeição, reis e filhos de reis podem conviver lado a lado com uma ordem social harmoniosa.

Como é do conhecimento de todos nós, o mito de Édipo, universalizado por Sófocles (1990), em cerca de 427 a.C., e utilizado magistralmente por Freud (1982), enfatiza o aspecto do desejo erótico do filho por sua mãe, bem como o desejo parricida deste em relação ao rival, seu pai. Essa clássica descrição corresponde ao complexo de Édipo positivo, cujos desdobramentos, observados desde a perspectiva intrapsíquica, já nos são bastante familiares. Para esse filho, que é incestuoso e parricida, há um pai castrador, que ameaça simbolicamente com a castração, e também um pai proibidor, que instala a lei, impedindo a consecução do incesto. Esse filho, ao utilizar a repressão como eficaz defesa de autopreservação, está se deixando atravessar pela dolorosa experiência da renúncia de seu objeto erótico. Assim procedendo, o sujeito tolera postergar até a idade adulta as satisfações buscadas, quando então entram em ação os objetos substitutos, que o são graças aos vários deslocamentos que sofrem ao longo da vida. A diferença geracional é muito importante neste movimento psíquico. Essa novela neurótica possibilita um desfecho favorável, no qual existem pelo menos dois espaços psíquicos discriminados, havendo lugar para dois homens e duas mulheres.

A partir da perspectiva do espaço intersubjetivo, podemos ampliar a compreensão do complexo de Édipo, entendendo sua relação com a sexualidade infantil, com a diferença entre os sexos, mas também pela diferença entre gerações. Reiterando o já dito por André Green (1993, 1996), é na dupla diferença do complexo de Édipo, a diferença de sexos e de gerações, que reside o seu alcance estrutural e histórico para a organização do desejo humano.

Robert Graves (1998), outro importante estudioso da mitologia, oferece um aspecto novo, complementar, do mito de Édipo, chamando a nossa atenção para a cena do encontro de Édipo e Laio num estreito desfiladeiro. O primeiro tentava escapar da predição do oráculo, que fazia dele um futuro parricida, fugindo de Corinto, onde moravam seus pais adotivos. A ótica de Graves, que salienta o encontro de ambos, pai e filho desconhecedores dessa relação, num desfiladeiro onde só há passagem para um, permite-nos seguir Haydée Faimberg (1996, 2000) naquilo que ela chamou de "configuração edípica". A perspectiva intrapsíquica, suficiente para a compreensão dos fenômenos ligados ao complexo de Édipo, nesse caso os seus desejos parricidas, exige-nos agora um olhar desde a ótica intersubjetiva, na qual interessa estudar essa relação fantasiosa, até a relação de pais para filhos, lembrando sempre que elas são assimétricas desde o começo da vida da criança, graças ao seu desamparo.

Na abordagem da configuração edípica, é essencial entender os mecanismos de regulação narcisista na relação do pai narcisista com seu filho: não existem dois espaços psíquicos separados; a dor da diferença se vê eliminada pelo funcionamento de apropriação e intrusão, bem como pela eliminação dos bordos de subjetividade entre os indivíduos. Assim, ao tentarmos visualizar o encontro de Édipo e Laio nesse estreito desfiladeiro, em que só havia passagem para um e nenhum deles se reconheceu como diferente ao outro – um deles, jovem, e o outro, ancião. Ambos lutam para obter a passagem pelo desfiladeiro, metáfora do poder e do domínio de um espaço psíquico único, que domina a lógica do narcisismo, a lógica do ou/ou. Laio, paradigma do pai narcisista, considera que existe um único objeto de amor e de ódio, e esse modo de funcionamento conduz a uma solução narcisista da rivalidade edípica, um deve viver e o outro, morrer: é a lógica do filicídio/parricídio.

Esse é um desfecho que não contempla uma proibição, mas sim a morte. Aqui, não há lugar para dois homens e duas mulheres, ao contrário da saída exogâmica, postergada, que a dolorosa passagem pelo canal, desfiladeiro do complexo de Édipo, impõe. O que ocorre na configuração edípica narcísica é que, tal como no desfiladeiro, só há lugar para um homem e uma mulher. Um deles morre, física ou psiquicamente.

Green (1996) sustenta que a vida psíquica do sujeito se organizará ao redor de pelo menos dois paradigmas. Ele os chama de angústia vermelha e angústia branca. A primeira se relaciona com o complexo de Édipo, enquanto a segunda está vinculada às ideias de configuração edípica. Angústia vermelha seria o conjunto de angústias ligadas à "pequena coisa que se desprende do corpo" (pênis, fezes), todas ligadas à castração por se relacionarem com uma ferida corporal associada a um ato sanguinário, uma mutilação. A angústia branca, ao contrário, não está revestida de um caráter sanguinário, apesar da possibilidade de ser um produto da destrutividade. A angústia branca compõe a série branca, descrita por Green, e está constituída pela alucinação negativa, pela psicose branca e pelo luto branco. Trata-se de fenômenos ligados à clínica do vazio ou do negativo e são resultantes de um desinvestimento massivo, radical, que deixa marcas no inconsciente sob forma de "buracos psíquicos".

Conforme já mencionado no Capítulo 1 , Haydée Faimberg (1996) denomina "telescopagem entre gerações" o fenômeno que tem como modelo a carambola entre automóveis ou o modelo das bonecas russas (*matryoshkas*), que entram umas dentro das outras, resultando no que a autora chama de "identificação inconsciente narcisista alienante". Essa forma particular de relação tem como modelo a identificação projetiva e ocorre sob o domínio do narcisismo, sem respeito aos bordos ou limites da subjetividade. Permite ao progenitor fazer uso do espaço psíquico do filho, sem discriminá-lo de si próprio. No dizer de Luis Kancyper,

> *todos os sujeitos terão que passar, inexoravelmente, pelo angustiante ato de confrontação com seus pais e irmãos nas realidades externa e psíquica, para desamarrar-se daqueles aspectos des-estruturantes de certas identificações. A confrontação coloca ao outro na situação de perder o seu depositário, ou seja, traz o perigo de desestruturar a sua organização narcisista. (2004, p. 192)*

O apagamento narcisista da diferença de gerações, a *telescopagem*, pode nos ajudar a pensar os nossos dias quando observamos, em nossos consultórios e no mundo lá fora, a luta ali, na cena congelada daquelas duas gerações, com suas histórias colapsadas, coladas umas às outras. Tudo está preenchido e esgota-se em apenas duas gerações;

por antecipação, mata-se a terceira, a dos filhos dos filhos. Observa-se, assim, uma forma bastante particular de filicídio. Não se trata do filicídio praticado por Laio, atuado, mas sim de um filicídio mudo (Trachtenberg, 2004), com inibição da exogamia, dos projetos, da construção de um espaço psíquico diferenciado e vivo. Rompe-se a cadeia ou o elo criativo entre as gerações, e esse filicídio mudo, que traz o mito e a configuração edípica para o nosso cotidiano, mostra uma resolução narcisista e pretensamente não dolorosa das diferenças entre sujeitos, sexos e gerações.

Quadro. 7.1 Édipo: complexo e configuração

Complexo de édipo	Configuração Edípica
1. Neurose.	1. Narcisismo – patologias do vazio.
2. Angústia de castração.	2. Angústia de morte.
3. Defesa: repressão.	3. Defesa: desmentida.
4. Pai castrador, proibidor, edípico.	4. Pai filicida, narcisista.
5. Filho tolera dor da renúncia do objeto incestuoso.	5. Filho sente angústia impensável de não ter sido querido como filho vivo.
6. Lei – respeito à proibição do incesto.	6. Transgressão à proibição do incesto.
7. Fantasias parricidas (série vermelha).	7. Parricídio mudo – filicídio mudo (série branca).

Complexo de édipo	Configuração Edípica
8. Diferença de gerações, espaço psíquico próprio no filho.	**8.** Gerações indiferenciadas, relações narcísicas, telescopagem.
9. Desfecho da rivalidade edípica: identificação, saída exogâmica (dois homens e duas mulheres).	**9.** Desfecho edípico: morte, saída endogâmica.
10. Desfiladeiro: há lugar para um e depois o outro (e/e); duas mulheres diferentes.	**10.** Desfiladeiro: só há lugar para um, o outro deve morrer (ou/ou); uma mesma mulher.

Referências

Faimberg, H. (1996). El mito de Edipo revisitado. In R. Kaës et al. *Transmisión de la vida psíquica entre generaciones*. Amorrortu.

Faimberg, H. (2000). Entrevista. *Psicanálise – Revista da Sociedade Brasileira de Psicanálise de Porto Alegre*, 2(1), 225-248.

Freud, S. (1982). Fragmentos de la correspondencia con Fliess (1892-1899). In *Obras completas* (Vol. 1). Amorrortu.

Graves, R. (1998). *Los mitos griegos 2*. Alianza Editorial.

Green, A. (1993). *Narcisismo de vida, narcisismo de muerte*. Amorrortu.

Green, A. (1996). *El complejo de castración*. Paidós.

Kancyper, L. (2004). *El complejo fraterno: estudio psicoanalítico*. Lumen.

Sófocles. (1990). *A trilogia tebana: Édipo Rei, Édipo em Colono, Antígona*. Zahar.

Trachtenberg, A. R. C. (2004). Édipo: configuração e complexo: um adolescente no desfiladeiro. *Psicanálise – Revista da Sociedade Brasileira de Psicanálise de Porto Alegre*, 6,(1), 183-192.

8. Filicídio mudo: o complexo de Édipo na dupla diferença (sexo e gerações)

Nos recôncavos da vida, jaz a morte
Germinando no silêncio.
Floresce como um girassol no escuro.
De repente vai se abrir.
No meio da vida, a morte jaz profundamente viva.
(Thiago de Mello, "Botão de rosa")

Desde 1897, quando Freud (1982a), nas famosas cartas 69, 70 e 71 destinadas a Fliess, descobre seu Complexo de Édipo, conceito que passa a dominar a psicanálise clássica, o mesmo desempenha, com justiça, o papel de complexo nuclear das neuroses. André Green (1996) salienta que a ameaça ou angústia de castração é parte integrante do complexo de castração, sendo este, por sua vez, parte componente do Complexo de Édipo, que vem a ser a coroação da sexualidade infantil. Interessa-me, entretanto, recortar aqui outra colocação de Green, que entendo como uma mudança de paradigma: o *Complexo de Édipo da dupla diferença*.

O complexo de Édipo da dupla diferença

Na abordagem clássica, observamos as polaridades negativa e positiva das pulsões dirigidas aos progenitores de ambos os sexos sendo sucumbidas pela repressão, com a consequente renúncia do desejo incestuoso e parricida, e a posterior identificação com o rival do mesmo sexo. Naturalmente, o que segue é uma aceitação em postergar até a idade adulta as satisfações até então buscadas, quando entram em ação os objetos substitutos, que escapam da sua condição de meros substitutos graças ao deslocamento sofrido, e assim escapam de seu trânsito à consciência. É essa artimanha que torna a exogamia possível.

Conforme vimos no Capítulo 7, o Complexo de Édipo tem um lugar no tempo, tanto sincrônico quanto diacrônico, mas sua relação com a temporalidade está dada não só pela sexualidade infantil, com a diferença de sexos mas também pela diferença de gerações. Esta é a dupla diferença do Complexo de Édipo: a diferença de sexos e de gerações, e aí reside o seu alcance estrutural e histórico para a organização do desejo humano.

A castração representa o castigo pela transgressão à proibição do incesto. Entretanto, já não é o pai que castra, é a lei, mas esta não castra, ela castiga e remete à realidade psíquica, ao imaginário, às teorias sexuais infantis.

Jean-Pierre Vernant (2000) desenhou algo diferente para o mito de Édipo, dizendo que seu destino excepcional e a façanha que lhe concedeu a vitória sobre a Esfinge o colocaram acima dos outros cidadãos, além da condição humana – semelhante ou igual a um deus – e, por meio do parricídio e do incesto, que consagraram seu acesso ao poder, também o rejeitaram para aquém da vida civilizada, excluíram-no da comunidade dos homens. Os dois crimes que ele cometeu, sem saber nem querer, tornaram-no – a ele – o adulto firme sobre seus *dois pés*; semelhante a seu pai, ajudado por uma bengala, velho de *três pés*, cujo lugar ele assumiu ao lado de Jocasta; e também semelhante a seus filhos pequenos, ainda andando *de quatro*, e dos quais ele tanto era irmão quanto pai. Seu erro inexpiável foi misturar em si três gerações, que deviam seguir-se sem jamais se confundir nem se superpor no seio de uma linhagem familiar.

O grande desafio do ser humano, também colocado no enigma da Esfinge, e especialmente ativo ao longo do processo adolescente, é descobrir como o filho do rei pode também tornar-se rei como o pai, ocupar seu lugar sem se chocar com ele ou afastá-lo. Com o fluxo das gerações, a sucessão dos estágios que marcam a humanidade, e que estão ligados à temporalidade e à imperfeição, pode ocorrer lado a lado com uma ordem social harmoniosa.

Para Vernant, ao contrário, o monstro de quem falava a Esfinge era também Édipo, que tem dois, três e quatro pés, ao misturar num único sujeito o curso regular das estações da existência humana. Essa vertente, que evidencia a importância da diferença de gerações no seio do complexo de Édipo, salientada por Green e por sua vez apoiado em Vernant, inscreve-se, com clareza, na linha dos transtornos do narcisismo, não somente pela impossibilidade de reconhecimento do outro, como também pela grandiosidade de suas posições.

Quando nos referirmos ao complexo da dupla diferença, o fazemos desde a sua perspectiva ordenadora, psíquica e social, especialmente no campo das neuroses. Entretanto, os precursores do complexo nuclear das neuroses, descritos por Freud e especialmente por seus seguidores, dão conta de um psiquismo pré-edípico, que é ressignificado tanto no ápice da sexualidade infantil quanto na revisão edípica durante a adolescência, assim como em situações variadas ao longo da vida do sujeito.

O complexo da mãe morta e a angústia branca

A perspectiva intersubjetiva, que destaca a importância do impacto do outro no psiquismo do sujeito, deixando marcas e representações, é fundamental para o entendimento das novas ideias sobre complexo de Édipo. Portanto, podemos penetrar em relações precocemente perturbadas entre uma mãe e seu filho, e daí derivar nosso entendimento para uma compreensão de patologias que se distanciam dos complexos trazidos até nós pela tragédia grega.

De acordo com Green (1993), a teoria psicanalítica que se funda no pensamento freudiano atribui uma importância de regência ao conceito de pai morto, cuja função fundamental é a gênese do superego, além da referência ao antepassado, à filiação, à genealogia, ao crime primitivo e à culpa.

É bem verdade que Freud, em "Inhibición, síntoma y angustia" (1926[1925]/1982b), relativizou a angústia de castração, incluindo-a numa série em que aparece também a angústia pela ameaça de perda do amor do objeto, perda da proteção do superego etc. Mantém, entretanto, sua concepção a propósito da condição estruturante da angústia de castração e da repressão.

Como vimos sustentado por Green (1966), no capítulo anterior, a vida psíquica do sujeito estaria organizada ao redor de pelo menos dois paradigmas: a *angústia vermelha*, conjunto de angústias ligadas a algo que se desprende do corpo (pênis, fezes), todas ligadas à castração; e a *angústia branca*, relacionadas com perdas de objetos, do peito, bem como as ameaças de abandono (não revestida de um caráter sanguinário). Green descreve a série branca pela alucinação negativa, pela psicose branca e pelo luto branco, fenômenos ligados à clínica do vazio ou do negativo e resultantes de um desinvestimento massivo, radical, que deixa marcas no inconsciente sob forma de "buracos psíquicos". Nesta linha, podemos incluir o papel da mãe, tão secundarizado na perspectiva edípica clássica. Essa mãe, que tem sido tão valorizada por sua função estruturante na perspectiva pós-freudiana, aparece como a "mãe branca" nos transtornos do negativo. A triangulação e o pai estão presentes, pois, além de ser destino da psiquê humana ter sempre dois objetos, o pai está, desde a origem, situado entre a mãe e o filho.

O complexo da mãe morta, já clássica descrição de Green, fala das consequências da depressão materna na psique de um filho, e não de sua morte real. A mãe morta é, portanto, uma mãe que está fisicamente viva, mas psiquicamente morta aos olhos e aos afetos do pequeno filho, que reage com uma depressão. O "luto" desse filho acontece na presença de um objeto, que se encontra na verdade ausente, já que está totalmente absorvido pelo luto. Na mente do filho, ela se torna um objeto vazio demasiado cheio, ou uma ausência demasiada presente. A depressão materna pode ter várias razões, desde a perda de um ente querido, uma decepção, humilhação, perda de fortuna etc.

A transformação na vida psíquica, no momento do luto repentino da mãe, que desinveste brutalmente seu filho, é vivida por este como uma catástrofe. Isso porque, por um lado, sem aviso prévio, o amor foi perdido bruscamente, constituindo de maneira natural um trauma narcisista de grande importância. Assim, além da desilusão e da perda do amor, ocorre no bebê uma perda de sentido, pois este não encontra nenhuma explicação para o que aconteceu. Como poderíamos esperar, a criança acredita que esse desinvestimento materno é consequência das suas próprias pulsões dirigidas ao objeto. Essa situação é especialmente grave quando o complexo da mãe morta sucede no momento em que a criança descobre a existência de um terceiro, o pai, e interpreta o desinvestimento da mãe como uma consequência do seu novo investimento. Constrói-se, nesse caso, uma triangulação precoce e desequilibrada, pois surge como tendência um investimento prematuro e intenso em relação ao pai, como salvador do conflito que se desenvolve entre mãe e filho.

Frente a essa dramática situação, o ego colocará em ação diferentes mecanismos de defesa; vou mencionar somente aqueles que me parecem mais substanciais no que diz respeito aos adolescentes, por ocasião da sua conhecida revisão edípica. A primeira das defesas é um movimento único, em duas vertentes: o desinvestimento do objeto materno e a identificação inconsciente com a mãe morta. Essa identificação acontece como uma necessidade de conservação do objeto, de um modo mimético, em que sê-lo é uma forma de possuí-lo. Esse objeto está demasiado presente, forçosamente presente, ainda que ausente afetivamente. Não se trata de uma identificação por renúncia ao objeto, ao modo edípico, mas sim uma forma conservativa; é, ao mesmo tempo, uma tentativa de domínio e uma forma alienante. O desinvestimento, por sua vez, que é tanto afetivo quanto representativo, constitui um assassinato psíquico do objeto, sem ódio, e o seu resultado é um buraco na trama de relações de objeto com a mãe.

A dificuldade de amar do sujeito não é, neste caso, uma modalidade construída pelo sujeito com base em sua ambivalência. Em tal cenário, o amor está gelado por desinvestimento, faz parte de um núcleo frio que queima e anestesia como gelo e mantém o amor indisponível. O sujeito é rico, mas não pode usufruir da sua riqueza porque esta encontra-se hipotecada pela mãe morta.

Os sujeitos constituídos por tal dificuldade em compartilhar aspiram permanentemente à autonomia, pois, identificados inconsciente e alienantemente com a mãe morta, acreditam que assim poderão livrar-se dela. Essa característica adquire especial relevância quando os adolescentes veem-se às voltas com as suas necessidades de conquistar autonomia. Esta, bem-vinda no desenvolvimento normal, ainda que conflitiva, encaminha-se para um bom termo. A identificação com a mãe morta, ao contrário, vem marcada por uma situação repetitiva e não conduz o sujeito a uma situação de autêntica autonomia, pois está pautada pelo sofrimento não resolutivo. Aparecem enormes dificuldades nas experiências de exogamia, sempre causadora e causa de insatisfação. Nas suas escolhas objetais, o sujeito colocará em ação, de forma repetitiva, a prática do desinvestimento de um objeto que esteja em vias de decepcionar, refazendo assim a antiga defesa. O sujeito não deverá ter demasiado amor ou prazer e, ante a menor ameaça de perda, entra em ação o desinvestimento, que congela a relação. Abre-se desta forma a condição para a procura incessante de objetos que possam ser dominados, garantidos quanto a sua condição afetiva, e é neste momento que, a partir da mínima facilitação externa, os adolescentes transformam-se em buscadores de drogas. Expressam, assim, a sua incessante busca por uma mãe/droga que assegure, ilusoriamente, estabilidade afetiva. Essa é uma tentativa desastrada de domínio da situação traumática do passado.

Por outro lado, graças às variações de humor da mãe morta, assim como a crença desse filho de ter sido o causador da depressão materna, ativa-se outra possível triangulação, que ocorre por meio de uma identificação do filho com o objeto desconhecido do luto da mãe. Via de regra, espera-se que esse luto tenha um destino de não elaboração e não representação, permanecendo numa cripta, congelado. Essa clivagem que a mãe morta efetua com seus estados afetivos, e em especial com as perdas, essa forma de solucionar os conflitos, também serve como um modelo para o filho. Essa identificação do filho com o objeto do luto da mãe é forçada por ela, como um mecanismo narcisista de defesa, inconsciente, que utiliza o filho como um depositário de suas próprias angústias.

Luto, cripta e fantasma

Como vimos no Capítulo 3, as clássicas aportações de Abraham e Torok (1995) sobre o luto, a cripta e o fantasma foram decisivas e destacaram a ideia de que, no inconsciente de um sujeito, enquista-se uma parte do inconsciente de um outro, que vem habitá-lo como um fantasma, bem como o mandato imperativo que o ancestral faz pesar sobre a sua descendência. Já a cripta é uma sepultura secreta, uma furna, que mantém em conserva um luto indizível, palavras não ditas, lágrimas não derramadas. Lutos mal realizados, segredos vergonhosos, que correspondem a traumas não elaborados da história do sujeito. O indivíduo expulsa de dentro de si seu próprio fardo, as partes alienadas de si mesmo, e as coloca em alguém narcisicamente selecionado, da geração seguinte. Esta identificação projetiva *liberta* o representante desta geração enquanto *escraviza* o representante escolhido da geração seguinte, no qual, vivendo uma história que ao menos em parte não é sua, tem uma parte de seu psiquismo alienado, estrangeiro de si mesmo, e torna-se um dos protagonistas da "telescopagem de gerações" (Faimberg, 2000), dando origem às identificações alienantes.

As considerações pertinentes à transmissão psíquica entre gerações são encontradas já em Freud, em "Totem y tabu" (1913/1982d), no qual ele se refere à continuidade psíquica na série das gerações, e também em "Introducción al narcisismo" (1914/1982c), em que destaca que o indivíduo é, em si mesmo, seu próprio fim, mas se encontra vinculado a uma corrente geracional, como elo de transmissão, que o torna beneficiário e herdeiro.

Kaës (2002) diz que, com Lacan, André Green e Piera Aulagnier, qualifica-se a questão da fundação do inconsciente do sujeito como efeito da *intersubjetividade*, do desejo do outro, do outro do objeto. O conceito de sujeito do grupo de Kaës (1996) indica que o sujeito do inconsciente está indissoluvelmente ligado a um conjunto intersubjetivo de sujeitos do inconsciente. É um elo na cadeia genealógica da qual procede, herdeiro dos desejos que precedem a sua existência e que organizaram seu próprio desejo, servidor do conjunto e beneficiário das investiduras, das representações que recebe deste conjunto. É assim que as formações do inconsciente transmitem-se pela cadeia das gerações.

O contrato narcísico de Piera Aulagnier-Castoriadis (1997) nos indica que existe um pré-investimento dos pais em relação ao bebê, ao qual reservam um lugar legítimo. A criança demanda ao grupo o reconhecimento de que ela lhe pertence, enquanto o grupo lhe demanda a preservação de seus valores e leis, previamente estabelecidos. Aulagnier enfatiza especialmente o índice libidinal com que a mãe dota, por sua atividade de "porta-palavra", as experiências da criança; o *infans* a quem a palavra não é trazida, fica, então, psiquicamente mutilado.

Os acontecimentos mais dolorosos não são, necessariamente, os mais alienantes; qualquer acontecimento poderá ser traumático e alienante para os descendentes se não puder ser elaborado, se for transmitido sem que os afetos que suscita possam ser tolerados, contidos ou representados.

Transmissão psíquica intergeracional e transgeracional

Como vimos em capítulos anteriores, a transmissão *intergeracional* refere-se àquela que acontece *entre* as gerações, na qual se mantém uma distância, um espaço entre o "transmissor" e o "receptor", em que existe preservação das bordas da subjetividade. Já a transmissão *transgeracional* ocorre através dos sujeitos e gerações, está relacionada com situações traumáticas do progenitor, com o complexo da mãe morta, com a clivagem, a mentira, o segredo, a cripta etc., tal como mencionamos alguns parágrafos antes. Essa é uma transmissão psíquica geracional que, do ponto de vista da natureza e da essência do elo criativo entre as gerações, se tornou defeituosa, foi interrompida; as histórias de seus personagens estão colapsadas, coladas umas às outras.

O trauma não elaborado inaugura, na história de muitos sujeitos, as condições para as transmissões transgeracionais, carentes do *espaço de transcrição transformadora*. Em oposição às transmissões entre os sujeitos, elas ocorrem através deles, atravessando o psiquismo, invadindo-o violentamente, numa passagem direta de formações psíquicas de um sujeito a outro, de uma geração a outra, sem preservação dos espaços subjetivos ou intersubjetivos. Portanto, nesse tipo de transmissão, observamos uma confusa intersecção entre as gerações, não havendo respeito pelas suas diferenças.

Faimberg (1996) utiliza o mito de Édipo relatado por Robert Graves como "configuração edípica" (e não como está relatado por Sófocles ou outros autores), o que resulta em metáfora para explorar certos pontos psicanalíticos. Suas observações servem de exemplo de transmissão transgeracional, assim como das angústias brancas apresentadas por Green. O centro de sua reflexão parte da mentira, do não dito e vai em direção ao problema do *filicídio/parricídio*.

Do ponto de vista psicanalítico clássico, o destino de Édipo está governado por seu complexo de Édipo, por seus desejos incestuosos e parricidas. Porém, além da profecia existe uma mensagem não dita relativa à adoção e ao filicídio original, o que o faz perder as suas referências genealógicas. Édipo ignora a identidade de seus objetos "edípicos", e a proibição não pode ser enlaçada a objetos simbólicos reconhecíveis, mas somente a objetos parentais (biológicos) desconhecidos.

Todos os seres humanos são responsáveis por seu complexo de Édipo, porém, quais são as condições que permitem a Édipo e a todo ser humano renunciar à realidade do complexo de Édipo? Qual relação particular entre as gerações é necessária para resolver o paradoxo do complexo de Édipo: te assemelharás a teu pai (em alguns aspectos) e simultaneamente não te assemelharás a ele (em outros)?

A filiação de Édipo é ocultada pela mentira, o que o impede de encontrar as suas referências na renúncia ao parricídio e ao incesto (ignora o filicídio e a adoção). No complexo de Édipo importa também quem são seus objetos edípicos. Laio tinha uma decisão filicida antes do nascimento de Édipo, para ele o sentido de ter um filho era um sentido filicida. Essa particularidade é essencial para entender a tragédia e para ampliar o conceito freudiano de complexo de Édipo para o de configuração edípica. Esta inclui duas vertentes: a) complexo de Édipo propriamente dito (desejos incestuosos e de morte em relação aos pais); b) a relação entre as gerações e a interpretação no mundo interno do paciente de como seus pais reconhecem a sua alteridade.

Laio tenta matar o bebê Édipo (primeiro encontro de ambos) e provoca seu filho no segundo encontro, pois, pela diferença generacional, Édipo poderia ser seu filho e Laio poderia ser seu pai. Essa representação desempenha um papel importante no cumprimento da predição do oráculo, assim como na dramatização tanto do filicídio quanto do parricídio, pois ambos poderiam ter suspeitado, e respeitado, suas respectivas posições geracionais e mudado seus destinos, se este fosse o desejo.

No mito, Laio, paradigma do pai narcisista, considera que existe um único objeto de amor e de ódio, e este modo de funcionamento conduz a uma solução narcisista da rivalidade edípica: um deve viver, e o outro deve morrer. É a lógica do filicídio/parricídio.

Édipo e nossos pacientes são responsáveis por seus desejos edípicos incestuosos inconscientes. Na configuração edípica, entretanto, a responsabilidade de Édipo com relação aos seus desejos inconscientes está alienada por uma lógica narcisista que o filicídio e a mentira perpetuam, e na qual não há interesse na preservação dos sujeitos ou nas diferenças de gerações (Trachtenberg et al., 2001). Na clínica, este conjunto psíquico poderá permanecer em aparente calmaria, como um fantasma, por muito tempo, produzindo os mais variados sintomas, até que possamos entender qual é o sentido da sua presença.

Kancyper (1997) formula uma aproximação a essa ideia quando nos alerta sobre a necessidade de desentranhar a trama identificatória dos desejos de vida e de morte que recaem sobre o analisando e que, se não são abordados tecnicamente pelo analista, continuam exercendo a sua influência como focos sépticos vigentes. Assinala, além disso, que é função do analista de crianças e adolescentes liberar os pais e o analisando do cativeiro narcisista no qual participam e padecem, com a participação do filho ou sem ela.

Nas transmissões intergeracionais, o sujeito não é somente beneficiário, herdeiro, mas também adquirente singular daquilo que lhe é transmitido. Trata-se de um trabalho psíquico de elaboração que diz respeito ao sujeito e ao grupo, favorecendo transformações e conduzindo a uma diferenciação, uma evolução entre o que é transmitido e o que é herdado. Esse trabalho permite a cada geração situar-se em relação às outras, tornar-se um elo, e inscreve cada sujeito numa cadeia e num grupo . Aqui, vale lembrar a célebre reflexão de Goethe, citada por Freud em "Totem y tabu" (1913/1982d), dizendo que aquilo herdado dos pais, para possuir, há que ser adquirido.

A transmissão psíquica intergeracional é estruturante, nucleada, portanto, na existência de um espaço de transcrição transformadora, no qual se veicula uma herança intergeracional, constituída pelas fantasias, imagos, identificações etc. que organizam uma história familiar, um relato mítico, do qual cada sujeito pode tomar os elementos necessários para a constituição da sua novela individual neurótica.

Um exemplo para esse tipo de transmissão é o das tradições, culturas, o núcleo de pertinência, uma filiação ou um sobrenome, que têm força de coesão. Noutro lugar, denominamos os antepassados – avós, por exemplo – que são portadores de palavras, memórias e histórias, "objetos intergeracionais" (Trachtenberg, 2002). Eles são os facilitadores da manutenção do elo entre as gerações e, especialmente, das diferenças geracionais.

Podemos relacionar essas transmissões intergeracionais com a série, ou angústia vermelha, descrita por Green, citada anteriormente. Refiro-me a que é do universo desse funcionamento psíquico familiar que o complexo de Édipo se estabelece como tal, ou seja, tendo como base a angústia de castração, e como resolução a repressão e suas consequências. A transmissão intergeracional, bem como seus objetos intergeracionais, poderia assim se incluir no complexo nuclear das neuroses, da mesma forma que a sua presença, na clínica, poderá ser indicativa de um particular movimento psíquico nos adolescentes.

Quando o campo analítico hospeda os objetos intergeracionais, podemos antecipar os primeiros indícios do futuro, de uma transição que vai se estabelecendo, um encaminhamento ao mundo adulto, marcando o início do final da adolescência. Nossos jovens vão se preparando, pois, em seu mundo interno, para serem um elo na cadeia das gerações, para portarem e transmitirem as características daquela família, e não apenas serem seu filho.

Referências

Abraham, N. & Torok, M. (1995). *A casca e o núcleo*. Escuta.

Castoriadis-Aulagnier, P. (1997). *La violencia de la interpretación*. Amorrortu.

Faimberg, H. (2000). Entrevista. *Psicanálise – Revista da Sociedade Brasileira de Psicanálise de Porto Alegre*, 2(1), 249-266.

Faimberg, H. (1996). El Mito de Édipo revisitado. In R. Kaës et al. *Transmisión de la vida psíquica entre generaciones*. Amorrortu.

Freud, S. (1982a). Fragmentos de la correspondencia con Fliess. (1892-1899). In *Obras completas* (Vol. 1). Amorrortu.

Freud, S. (1982b). Inhibición, síntoma y angustia. In *Obras completas* (Vol. 20). Amorrortu. (Trabalho original publicado em 1926 [1925]).

Freud, S. (1982c). Introducción al narcisismo. In *Obras completas* (Vol. 13). Amorrortu. (Trabalho original publicado em 1914).

Freud, S. (1982d). Totem y tabu. In *Obras completas* (Vol. 13). Amorrortu. (Trabalho original original publicado em 1913).

Green, A. (1993). *Narcisismo de vida, narcisismo de muerte*. Amorrortu.

Green, A. (1996). *El complejo de castración*. Paidós.

Kaës, R. (2002). Vínculo e intersubjetividade. *Congresso da Asociación Uruguaya de Psicoanálisis de las Configuraciones Vinculares (AUPCV).*

Kaës, R. (1996). Introducción: el sujeto de la herencia. In R. Kaës et al. *Transmisión de la vida psíquica entre generaciones*. Amorrortu.

Kancyper, L. (1997). *La confrontación generacional: estudio psicoanalítico*. Paidós.

Trachtenberg, A. R. C. (2002). Das histórias vazias à herança intergeracional (Leteo e Mnemosyne). *Revista Brasileira de Psicoterapia*, 4(3), 215-222.

Trachtenberg, A. R. C. et al. (2001). Revisitando Sófocles: a trilogia tebana sob a lente transgeracional. *Revista Brasileira de Psicanálise*, 35(1), 129-141.

Vernant, J.-P. (2000). *O universo, os deuses, os homens: mitos gregos contados por Jean-Pierre Vernant*. Companhia das Letras.

Parte II

Transgeracionalidade, judaísmo, holocausto, dores sociais

9. *Shoah* (Holocausto) e transgeracionalidade I: algumas observações

Dos generaciones menos
Dos generaciones más
Fechas, tan sólo fechas
Yo estoy aquí, tu estabas allá
El pico y la pala, el hielo em los dedos
Te estás jugando las maquís...
El mundo se muere y tu sigues vivo
Porque recuerdas tu piano
Compás por compás, em el frío del gueto
Vas repassando el nocturno em Do
Sostenido Menos de Chopin, em tu memoria
Si fueras tu nieto y yo fuera mi abuelo
Quizás, tu contarías mi historia
Yo tengo tus mismas manos
Yo tengo tu misma historia
Yo pude haber sido el pianista del gueto de Varsovia
Dos generaciones menos,
dos generaciones más
Fechas, tan sólo fechas

Yo estoy aquí, tu estabas allá
Y el mundo no aprende nada, es analfabeto
Y hoy suena tu piano, solo que em otros guetos
Si yo estoy afuera y tu estabas adentro
Fue sólo cuestión de lugar y de momento

(Jorge Drexler, "El pianista del gueto de Varsovia")[1]

História do estudo da transgeracionalidade

Como comentamos no Capítulo 1, alguns anos após o final da Segunda Guerra Mundial, psicanalistas do mundo todo começaram a receber em seus consultórios sobreviventes e/ou descendentes do Holocausto judeu e passaram a observar fenômenos clínicos que pareciam ter relação com aquela situação traumática do passado.

- Anos 1960 – Profissionais da saúde mental descreveram a Síndrome do sobrevivente do Holocausto: uma combinação de diferentes sintomas.
- Anos 1970 – Investigações foram feitas sobre o efeito psíquico do Holocausto na segunda geração (filhos de sobreviventes): identificação da presença de sintomas como se tivessem vivido aquela situação traumática, apesar de haver ocorrido antes do seu nascimento.
- Anos 1980 e 1990 – Trabalhos demonstraram que, na terceira geração (netos de sobreviventes), também há sintomas e conflitos diretamente relacionados ao trauma vivido por seus antepassados.

1 Música baseada no relato autobiográfico *El pianista del gueto de Varsovia*, de Wladislaw Szpilman.

As investigações continuam, pois não se sabe até qual geração essa transmissão poderia ter impacto. Há famílias que podem falar do Holocausto, outras transmitem mensagens incompletas, e outras guardam silêncio. A dificuldade de colocar em palavras aquelas experiências traumáticas não exclui sua transmissão, por meio de gestos, tom de voz, atitudes e silêncios. Diferentes quadros clínicos, que muitas vezes não se encaixam numa classificação psicopatológica convencional, mostravam que havia uma história pregressa de um antepassado relacionada ao Holocausto. Os que estiveram em campos de concentração/extermínio e não morreram (considerando que muitos perderam seus familiares nesses campos) são os sobreviventes e seus descendentes. Os que escaparam antes da guerra (não estiveram nos campos de concentração) e perderam pais, irmãos, avós, familiares nos campos de extermínio, também sofrem os efeitos da *Shoah*. Essa geração e seus descendentes ainda não receberam uma denominação específica.

Trata-se de diferentes vivências, mas todas traumáticas. Para as vítimas desse tipo de violência, devido à magnitude do trauma, é *impossível, intolerável* lembrar, rememorar, pensar, sentir, sonhar, pois existe a ameaça de ruptura e desorganização do psiquismo. Sobreviventes do Holocausto, bem como sobreviventes de violências pessoais, familiares ou sociais (ditaduras), são levados a buscar defesas extremadas como proteção para tentar sobreviver psiquicamente, levar uma vida "normal".

Essas defesas extremadas, que se manifestam a fim de evitar a dor e a ruptura psíquica, caracterizam o "trabalho do negativo" – cisão, desmentida, cripta, *silêncio, segredo*. Trata-se de uma necessidade inconsciente de apagar o passado traumático tão sofrido, enquanto olhar para o futuro também faz parte desse mecanismo de sobrevivência. O que resulta disso é a não elaboração do trauma. A história não elaborada, segregada, inconfessável ou inominável da geração um (cripta) será a pré-história da geração dois ou três e poderá ser determinante em seu sofrimento psíquico. A história silenciada é como um fantasma ameaçador que ronda o ambiente familiar permanentemente.

Assim, lembramos que a transmissão transgeracional ocorre quando não há metabolização psíquica: o não elaborado na história dos pais, o indizível, o inominável, o inconfessável é transmitido como material bruto e depositado na geração seguinte, de maneira automática, sem ser pensado ou simbolizado. É o que pode ocorrer nas gerações pós-Holocausto. A comunidade judaica internacional e a humanidade estão marcadas – ainda – pelos efeitos "radioativos" e patogênicos do Holocausto. As comunidades da diáspora ainda estão impregnadas pelo trauma do Holocausto e pelas múltiplas migrações/refugiados, que também são traumáticas.

Esse tipo de transmissão/identificação, relacionados à *transgeracionalidade*, aparece na literatura com diferentes nomes, quando o fenômeno é descrito entre sujeitos de diferentes gerações: identificação alienante, radioativa, traumática, narcísica, mórbida, extrativa, telescopagem de gerações etc.

A transposição é uma forma de viver em duas épocas diferentes ao mesmo tempo: a presente e a passada. A presente refere-se à própria existência e a passada, a do ser que habita outro ser, da realidade psíquica não elaborada dos pais, inconscientemente imposta aos filhos. Há nesse sentido uma tendência à repetição de geração em geração, chamada "cadeia traumática transgeracional". A pré-história do filho, ou história da geração anterior, domina sua história como um mandato transgeracional. Como dito anteriormente, o filho deixa de ser um *herdeiro* (elo na cadeia geracional) e passa a ser um *escravo*, depositário, hospedeiro dos produtos tóxicos dos pais (material clivado, criptado, segredos, lutos etc.). A criança experimenta uma vida que, ao menos parcialmente, não lhe pertence, sendo uma fração dissociada do seu psiquismo, e este indizível e irrepresentável que carrega pode vir a se manifestar por meio de um sofrimento, sintoma ou patologia.

O trabalho de elaboração e de "libertação" desse processo vai ao encontro das transmissões *intergeracionais*. Sendo o indivíduo este elo de transmissão de conteúdos psíquicos metabolizados pela dupla parental, por ele transitam tradições, identificações com antepassados, origens e raízes familiares, rituais de passagem, religião etc., que funcionam como âncoras ou ímãs de fortalecimento de sua identificação e também de sua subjetividade, em especial na adolescência. Nesse sentido, é necessária a realização de um trabalho *preventivo* de saúde psíquica com crianças em desenvolvimento, bem como um trabalho *curativo* que proporcione um nascimento psíquico não alienado com as crianças, os adolescentes, os adultos e as famílias, por meio da abertura das criptas que contêm os segredos. Na morada do silêncio, do branco e do vazio, dominado pelos mandatos da herança transgeracional, por segredos, criptas e fantasmas, podemos instalar as *palavras* de um espaço de transcrição transformadora. Lá, na travessia em direção a sua herança intergeracional, brotarão os sons, as cores e os sentidos, aproximando o sujeito da construção da sua própria historicidade.

10. *Shoah* (Holocausto) e transgeracionalidade II: história de traumatismos, traumatismos da história[1]

Vós que viveis seguros
Em vossas casas aquecidas
Vós que achais voltando à noite
Comida quente e rostos amigos:
Considerai se isto é um homem,
Que trabalha na lama
Que não conhece a paz
Que luta por um naco de pão
Que morre por um sim ou por um não.
Considerai se isto é uma mulher,
Sem cabelos e sem nome
Sem mais força de recordar
Vazios os olhos e frio o ventre

1 Trabalho apresentado no XXVII Congresso Latino-Americano de Psicanálise (Fepal). Painel Comunidad y Cultura: "Trauma y testimonio: psiconálisis, historia y literatura". Santiago/Chile, set. 2008. Também publicado em *Psicanálise – Revista da Sociedade Brasileira de Psicanálise de Porto Alegre*, *11*(1) pp. 17-27, 2009. (Original em espanhol; tradução para o português de Maria Regina Lucena Borges).

Como uma rã no inverno.
Meditai que isto aconteceu:
Vos comando estas palavras.
Gravai-as em vossos corações
Estando em casa, caminhando na rua,
Deitando, levantando:
Repeti-las a vossos filhos.
Ou que vossa casa se desfaça,
A doença vos impeça,
Vossa prole desvie o rosto de vós.

(Primo Levi, Shemá)[2]

Estórias/histórias: literatura

Quando me ponho a pensar no título proposto para este texto, vem-me à mente João Guimarães Rosa, escritor brasileiro, grande inventor de palavras, e sua intenção de discriminar *história* e *estória*. A primeira faz referência à história da humanidade, enquanto a segunda pertence aos contos, romances, narrativas, assim como cada um poderia contar sua própria vida. Em espanhol, não há tal diferenciação, e em inglês existem controvérsias a respeito de *story* e *history*. A tentativa de Guimarães Rosa não prosperou, não sei bem por qual razão. Talvez porque ambas se confundam, já que a estória/história de cada um é, necessariamente, atravessada pela história do tempo que lhe cabe viver. Nossas histórias e suas versões transformáveis se produzem não somente a partir do intrapsíquico, mas também do inter e trans-subjetivo, assim como a pré-história de cada sujeito. Refiro-me às histórias dos pais e das famílias como marcadoras de subjetividade, que se transmitem ao longo das gerações.

2 "Escuta", em hebraico.

Nossos tempos e a humanidade ficaram profundamente marcados desde o Holocausto (*Shoah*, em hebraico, que significa "sacrifício"), na Segunda Guerra Mundial, sendo considerado por alguns estudiosos como a cesura histórica de Auschwitz. Roudinesco (2008) afirmou que Auschwitz, o grande campo de extermínio, passou a ser o nome genérico para simbolizar o genocídio de judeus, ciganos e homossexuais pelos nazistas. Há um *antes* e um *depois* de Auschwitz na memória e na história da humanidade e na ideia que o ser humano tem de si próprio.

Primo Levi (1988) diz que Auschwitz deixou um buraco negro na história da civilização ocidental e Roudinesco nos lembra que o nazifascismo permitiu que se estabelecesse um neologismo até então desconhecido do léxico penal, que é a palavra *genocídio*. Do grego *genos*, quer dizer "nascimento", "gênero", "espécie", e *caedere*, que significa "matar". Esse termo foi adotado pela ONU, em 1945, como protótipo de outros genocídios. Diz Roudinesco:

> *No genocídio, não é simplesmente o outro que se busca aniquilar, mas seu genos. Daí a ideia de ir procurar a população a ser exterminada para além de qualquer território, de qualquer fronteira, a fim de destruir por várias gerações: filhos, pais, avós. (2008, p. 132)*

E, acrescento, toda a descendência possível. É uma destruição que se estende por muitas gerações, não somente à possibilidade criativa da concretude biológica, mas também às potencialidades criativas no sentido amplo das futuras gerações.

Seria casual o fato de que o tema do Holocausto se universalizou e ocupa espaço em diferentes manifestações culturais até à atualidade? Não me refiro somente ao homem dos povos sacrificados, ou à história dos sobreviventes – que ficaram para contar a história –, ou aos seus familiares e descendentes, ou ainda aos que perderam seus familiares, sem terem passado, eles próprios, pelos campos de concentração ou de extermínio. Aqui importa tentar pensar no homem e seu psiquismo no Holocausto, no 11 de setembro, nos diferentes genocídios, na violência de Estado e nos desaparecidos, na violência surda que vivemos diariamente, em muitos países. Tudo isso permanece ainda hoje e pertence a todos nós. São histórias, ou estórias, marcadas por traumas próprios ou alheios que não podem ser medidos, nem pensados, nem lembrados, nem falados. Permanecem encriptados e não encontram o caminho da representação, ficando assim sem elaboração possível. Pertencem ao mundo do silêncio, do secreto, da não memória, da cisão do eu, de técnicas extremadas de defesa, de sobrevivência psíquica. São parte da forçosa evitação da ameaçadora ruptura psíquica, caso tais situações do passado venham à mente do sujeito. Por outro lado, o tempo nunca se faz passado, os fatos encontram-se de forma permanente e silenciosa no presente psíquico, e não é possível, portanto, construir uma história. Talvez guarde alguma semelhança com as reminiscências de situações traumáticas das histéricas de Freud, que como tal inauguraram a psicanálise. Como naquela ocasião, faz-se necessário transformar as reminiscências em lembranças.

Estamos, os psicanalistas, em condições de vislumbrar essa transformação como possível, frente a esses traumas da história, das histórias ou estórias? Em quais destinos possíveis podemos pensar para este passado presente, que não cala nem fala? Como a psicanálise pode contribuir para "escutar o não dito", nas palavras de Primo Levi?

A psicanálise mostrou-nos que uma grande parte dessas estórias/ *stories* permanece como material psíquico traumático não elaborado e, assim, como material bruto, transmite-se inconscientemente às gerações seguintes. Dessa maneira começa a misteriosa história de muitos pacientes, e assim se iniciaram, nos anos 1970, os estudos da transgeracionalidade, que se ampliaram nas últimas décadas, enriquecendo a escuta nos intramuros de nossos consultórios, essencialmente quando atendemos às novas gerações e observamos suas particulares apresentações clínicas. Muitos desses pacientes, mortos vivos sem o saberem (Trachtenberg, 2005).

Temos de começar a pensar não somente nas saídas criativas dos intramuros de nossos consultórios, mas também no social. De acordo com Kaës (1991), a construção de uma memória coletiva viva supera a repetição e é trabalho da intersubjetividade, da política e da cultura. Vários sobreviventes do Holocausto, ou de Auschwitz - no sentido genérico que Roudinesco utiliza -, deixaram fantásticos testemunhos de suas experiências por meio de romances, como Primo Levi, Imre Kertész, Jorge Semprún, Elie Wiesel, entre outros, muitos deles ganhadores de importantes e reconhecidos prêmios de literatura. Fizeram-no em diferentes épocas, depois de sua saída do inferno, e os menciono como exemplos, sabendo que a literatura, e o testemunho como literatura, não se esgotam nesses autores. O tema é suficientemente complexo para que eu tome apenas um pequeno raio do amplo espectro do dito e não dito a respeito do Holocausto. Tampouco é minha intenção discutir a própria questão do testemunho, como trazem Levi e Agamben. Talvez, somente com muita parcimônia, *Lo que queda de Auschwitz* (Agamben, 2005).

Kaës (1991) chama-nos a atenção para a necessidade de um tempo de silêncio, de latência, para que o terror e o horror nazistas sejam pensados ou ditos, ou postos em palavras. É o tempo necessário para que esse passado traumático que não passa, que não se transforma, essa experiência não recordável, sem uma saída criativa, possa, por uma conjugação de fatores muito diversos, ser utilizada no âmbito e no espaço social, cultural. Seria um caminho aberto para a representação? Para a elaboração?

Janina Bauman (2005) começa o seu livro, o qual intitulou *Inverno na manhã: uma jovem no gueto de Varsóvia*, perguntando-se: Por quê? E por que agora? E logo escreve:

> *Levei cerca de 40 anos para me sentir pronta a escrever este livro. Durante todo esse tempo eu quase não pensei no passado. Nunca falei sobre ele com minha mãe ou minha irmã. Nunca contei a meu marido e minhas filhas toda a história de minha sobrevivência. Preferi esquecer. As imagens terríveis só retornaram em meus sonhos. Tampouco tentei publicar os diários e contos que escrevi durante a guerra. Por muitos anos eles permaneceram esquecidos em minha gaveta em Varsóvia. Só os reli depois que minha mãe morreu e, entre os seus guardados, encontrei algumas páginas dos meus diários e contos cuidadosamente copiados por ela em sua caligrafia elegante. Só então, no início dos anos 1980, em Leeds, é que senti que deveria começar a escrever. Mergulhei profundamente no passado, esquecendo minha idade atual e voltando a ser aquela menina. É impressionante o quanto se pode recordar quando se decide reviver o passado, ano após ano, mês após mês, experiência após experiência. (p. 7)*

As palavras de Janina Bauman despertam-nos a ideia de que, uma vez ingressado naquele ou nesse mundo, já não é possível viver sob o domínio da renegação e da cisão.

Utilizei o exemplo autobiográfico de Janina Bauman, entre tantos outros possíveis e conhecidos na literatura, no cinema, na música etc., e igualmente importantes, porque me chamou a atenção o efeito multiplicador quase imediato de sua obra. Em 1989, é publicado o livro de seu marido, Zygmunt Bauman (1998), *Modernidade e Holocausto*, dedicado a Janina e a todos os outros que sobreviveram para contar a verdade. Quando lhe entregaram o Prêmio Amalfi Europeu por esse livro, Bauman declarou que o escreveu por uma verdadeira compulsão intelectual e um dever moral, após ler a triste sabedoria de Janina ao afirmar que: "A coisa mais cruel da crueldade é que ela desumaniza suas vítimas antes de destruí-las. E a mais dura das lutas é continuar humano em condições inumanas" (p. 237). Em outro trecho, Bauman diz que, ao ler o livro de Janina, se deu conta de que realmente não compreendia o mundo que não havia sido o seu. É da mesma geração, porém lhe coube outra história pessoal.

Nos últimos anos, não cessa a escrita das obras que abordam o assunto, e por todo o mundo uma grande quantidade de sobreviventes tira dos recônditos de suas mentes suas histórias ou estórias, publicando livros, dando entrevistas etc. Trata-se de gente comum que deseja, ou necessita, contar suas estórias/histórias, sem pretensão literária alguma. Depois de tantas décadas e próximos à morte por avançada idade, há uma espécie de pressão para que deixem seus testemunhos, como uma herança, como um dever moral. Conhecendo o perigo do esquecimento, passam a amarga experiência de sua estória para a História. Ao mesmo tempo, aparentemente algo se descongelou e as palavras brotaram, puderam ser relato e criatividade potencial. Ou, talvez, fossem uma descarga, a única possível? Seria, pensando-a como um movimento cultural de uma geração, uma elaboração?

O que vem depois...

Encaminho-me para convidá-los a observarem o que se foi passando nas sucessivas gerações, tanto na primeira, como na segunda e na terceira. Pensemos como o genocídio nazista cumpriu sua promessa, no sentido amplo da palavra, destruindo vidas e mentes por várias gerações; como sobreviveram psiquicamente os representantes de gerações tão permeáveis a conter a vesícula de produtos não pensáveis e, portanto, tóxicos, de seus pais, avós etc., nas palavras de Puget (1991).

Vemos que alguns descendentes puderam fazer uma incrível e fantástica transformação de seu legado transgeracional (no sentido patológico) em outro legado, em herança intergeracional, abrindo espaços de criatividade, a serviço da cultura e da memória coletiva (Trachtenberg, 2005). São representantes de toda uma geração identificada com e pelos dramas e fantasmas que provêm do interior das famílias, e não das ruas. É toda uma geração profundamente marcada pelo sentimento de que nenhuma de suas conquistas, valores ou angústias tinham valor quando comparadas ao fato de haver sobrevivido a Auschwitz (Corso, 2005). Como exemplo de uma saída criativa, podemos citar Art Spiegelman (1987), que produziu arte e, ao mesmo tempo, testemunho, com os livros da história em quadrinhos *Maus: a história de um sobrevivente*, narrativa da saga de seu pai, Vladek, e vencedora do prêmio Pulitzer.

Nos últimos anos, também os filhos de sobreviventes nos apresentam variadas obras de literatura, sejam autobiográficas ou não, muitas vezes cheias de surpreendente bom humor, compartilhando conosco como é difícil ser um filho de sobreviventes. As novas gerações, vinculadas pela estória ou pela história ao Holocausto, passaram a promover novas formas de testemunho, tal como Steven Spielberg, conhecido diretor de cinema e da já clássica produção *A lista de Schindler* (1993). Por intermédio da Shoah Foundation, por ele criada, recolhe, em diferentes partes do mundo, o relato (possível!) dos sobreviventes ainda vivos, como uma tentativa de doar para a humanidade a memória desta parte terrível de sua história.

Há nisso uma clara consciência da importância da preservação dos testemunhos em vida. Observa-se, em distintas comunidades pelo mundo, o fortalecimento dos movimentos pela preservação de memórias, testemunhos, documentos etc.

Uma vez mais, a pergunta que não cala: essa complexa rede de intenções de se expressar em palavras nos permite falar sobre representação, sobre elaboração?

Vivemos, na atualidade, em estado de permanente defesa, em repetidos desmentidos quase necessários para a sobrevivência psíquica frente às violências as quais somos submetidos diariamente. Já quase nada nos afeta! Acreditamo-nos não afetados, mas não sabemos que destino têm, em nosso psiquismo, as situações potencialmente traumáticas da atualidade, que nos chegam por atos, palavras ou imagens. Quais restos, impregnações, transmissões radioativas (Gampel, 2006) aparecerão no futuro mais próximo ou nas gerações futuras? Vivemos em um mundo cuja tendência é fazer com que os sentimentos sejam fugazes, resvaladiços. Nós, os psicanalistas, contamos com as palavras, mas parece que essas vêm perdendo parte de sua força em seu objetivo primeiro, que é o de transmitir os sentimentos do ser humano e dar sentido a eles. As palavras já não parecem suficientes como capacidade para despertar o humano do humano. Em tempos de rapidez, imagens, computadores com muita memória nas máquinas e pouca nas mentes, necessitamos, cada vez mais, de diferentes formas de expressão da cultura e da arte em geral.

Memoriais e museus temáticos psicanalistas da humanidade

Gostaria de me concentrar um pouco em uma particular manifestação cultural. Refiro-me aos memoriais e museus temáticos. Penso que estes cumprem sua parte como coadjuvantes na função de "psicanalistas da humanidade" (se me permitem brincar com a expressão), por seu caráter documental, mas não somente por isso. Insisto no que têm de potencial para despertar emoções, para desconstruir o instituído, ou construído, para imprimir algo novo e traumático, em uma adaptação muito livre de Piera Aulagnier. Penso que possuem um papel fundamental para vitalizar nossa capacidade de sentir, de preservar uma memória criativa e ativa de situações traumáticas que constituem nossa história, tanto a da civilização quanto a dos homens e das mulheres.

"A recordação evoca uma tradição e algo do passado que deve ser levado para o futuro", e é, possivelmente, a dimensão mais profunda da alma humana, diz Daniel Libeskind (2008), o arquiteto que projetou o Museu Judaico de Berlim e é o responsável pelo Memorial 11 de Setembro de New York, que vai ocupar o espaço das torres caídas na data. O Marco Zero e sua reconstrução têm grande influência em como as pessoas percebem seu entorno em todas as partes do mundo. Libeskind, filho de sobreviventes do Holocausto, é um teórico tão reconhecido por suas ideias inovadoras quanto pela autoria de projetos de museus, criados a partir de uma abordagem multidisciplinar, com elementos inspirados em música, filosofia e arte.

Nos anos 1980, Libeskind, entre outros atentos leitores de Derrida, questionava o convencionalismo da arquitetura moderna, propondo sua desconstrução por meio de paradigmas de regularidade e linearidade. Libeskind é admirado pela sofisticação formal, pelo uso expressivo de linhas com quebras, fissuras e fraturas, pelo insólito espacial, pelo simbolismo enfático. Seu trabalho no Museu Judaico de Berlim é uma complexa metáfora política de espaço, luz, matéria e desmaterialização, para evocar a universalidade da civilização judaica e o vazio causado na cultura ocidental pelo aniquilamento dos judeus na Segunda Guerra Mundial. Essa obra de assustadora autenticidade resultou em uma materialização filosófica do estado psíquico da condição humana pós-Holocausto.

Libeskind explorou as relações entre duas linhas para descrever a história dos judeus em Berlim, por meio de representações da memória, do vazio e da ausência. Os espaços são carregados de sentido, o vazio é cheio de significados. As diretrizes conceituais estabelecidas para o projeto unificam, justificam e estabelecem a coerência entre a forma total e cada detalhe do edifício. Nada é arbitrário, cada elemento, espaço, material, estrutura, cada parede e cada árvore têm um porquê para estar em seu lugar e de determinada maneira: a disposição da planta em forma de uma estrela de Davi desconstruída, o acesso subterrâneo, as passarelas suspensas sobre o vazio, as formas rasgadas das janelas, as linhas do desenho do piso, o jardim. Cada elemento do projeto é marcado pela dor da perda, pela revolta surda contra uma injustiça irreparável. O projeto do Museu Judaico só poderia ter sido concebido por alguém que, como Libeskind, vivenciou pessoalmente a tragédia herdada da Segunda Guerra Mundial. Seus elementos estão intencionalmente colocados a fim de despertar fortes emoções, de tal forma que o visitante passa por uma experiência de transformação interna ao percorrê-lo. Desconstrói-se uma concepção e vem, necessariamente, uma nova.

Projetos de monumentos, como museus ou memoriais, exigem, no desenvolvimento do processo de criação, um grande aprofundamento filosófico dos conceitos adotados, e o questionamento e a fundamentação criteriosa dos princípios de projeto. A arquitetura, como os demais objetos da cultura, por seu valor social e político, deve ser compreendida na especificidade de seu contexto e à luz de uma abordagem da história cultural, que costura seus fragmentos com múltiplos pontos de vista. Os desenvolvimentos do pensamento arquitetônico são representados por meio da percepção da paisagem resultante dos cruzamentos entre o espaço da cidade e suas modificações no tempo – são as colocações da arquiteta Dorfman (2008). Se a arquitetura for concebida como obra de arte, pode constituir um ponto de acesso para a percepção do social, por meio do simbólico e do sensível. O conceito adotado no projeto do WTC Memorial fundamenta-se em princípios humanos e na afirmação dos valores da vida, que Libeskind define como memória e esperança. O olhar para o passado, a homenagem aos mortos e às vidas sacrificadas fundamentam a esperança na construção de um mundo melhor, mais justo, mais humano, onde a vida se afirma como o maior valor – é o que pensa a especialista em museus temáticos.

A arquitetura de Libeskind encontrou um fio condutor para estabelecer relações entre esses eventos que foram tão traumáticos para a humanidade. O arquiteto encontrou, nas fundações remanescentes do WTC, a parede de concreto que resistiu à catástrofe. Como a parede do templo do rei Salomão, aquele muro resistiu, permaneceu erguido, como expressão, como manifestação da vida. A vida encontra o seu caminho. No projeto do Marco Zero, as vítimas foram transformadas em heróis, e a homenagem a esses heróis e a preservação da sua memória convivem com a exaltação da esperança. A memória é realçada pela luz do sol, enquanto a esperança é representada pelos jardins. Nesse sentido, o projeto do Marco Zero pode ser compreendido como uma conclusão, como uma elaboração da tristeza e da dor, que são as emoções dominantes, no projeto do Museu Judaico de Berlim. São memoriais que ficam não somente como registro, mas sim, fundamentalmente, como uma oportunidade experiencial e vivencial, como legado, para as futuras gerações.

Referências

Agamben, G. (2005). *Lo que queda de Auschwitz: el archivo y el testigo*. Pre-Textos.

Bauman, J. (2005). *Inverno na manhã: uma jovem no Gueto de Varsóvia*. Zahar.

Bauman, Z. (1998). *Modernidade e Holocausto*. Zahar.

Corso, D. (2005, 7 setembro). Retrato falado de um tempo selvagem. *Zero Hora*, Porto Alegre.

Dorfman, B. (2008). *Daniel Libeskind - Marco Zero: uma elaboração da tragédia*. Entrevista no site Fronteiras do Pensamento Copesul - Braskem.

Gampel, Y. (2006). *Esos padres que viven a través de mi*. Paidós.

Kaës, R. (1991). Rupturas catastróficas y trabajo de la memoria: notas para una investigación. In J. Puget & R. Kaës (comp.). *Violencia de estado y psicoanálisis*. Centro Editor de América Latina.

Levi, P. (1988). *É isto um homem?* Rocco.

Libeskind, D. (2008) *Fronteiras do Pensamento*. Copesul .

Puget, J. (1991). Violencia social y psicoanálisis: de lo ajeno estructurante a lo ajeno-ajenizante. In J. Puget & R. Kaës (comp.). *Violencia de estado y psicoanálisis*. Centro Editor de América Latina.

Roudinesco, E. (2008). *A parte obscura de nós mesmos: uma história dos perversos*. Zahar.

Spiegelman, A. (1987). *Maus: a história de um sobrevivente*. Brasiliense.

Trachtenberg, A. R. C. (2005). Trauma, transgeracionalidade e Intergeracionalidade: uma transformação possível. In A. R. C. Trachtenberg et al. *Transgeracionalidade – de escravo a herdeiro: um destino entre gerações*. Casa do Psicólogo.

11. Antissemitismo: memória e futuro[1]

Isto aconteceu em seus dias ou nos dias de seus pais? Conte a seus filhos sobre isso e deixe seus filhos contarem aos seus filhos. E seus filhos à próxima geração.

(Joel, 2-3. Entrada do Museu Yad Vaschem, Jerusalém)

Quando convidada para falar em uma mesa, tomada de satisfação e um tanto de temor e angústia, sem muita clareza de onde vinham, fui pensando que me vi atravessada por um temor comum entre os judeus: o temor universal ao antissemitismo. Ou será antijudaísmo? Ou anti-israelismo? Assim Edgar Morin inicia o último capítulo de seu livro *O mundo moderno e a questão judaica* (2007).

Como judia que sou, laica mas com ascendência talmúdica (e/ou psicanalítica), vou seguir a tradição de deixar a pergunta em aberto. Não tenho a intenção de responder a essas perguntas e, na sequência, vou me referir ao termo "antissemitismo", seguindo o título desta

1 Trabalho originalmente apresentado na Sociedade Brasileira de Psicanálise de Porto Alegre, em 2 de julho de 2021, e revisado em julho de 2022.

mesa proposto pela Comissão Científica da SBPdePA. Mantendo as incógnitas, vou tentando encontrar um lugar de fala, alertada pelo jornalista Leo Gerchmann (Facebook, 2021), que assim descreve as peculiaridades do antissemitismo: "É leviano, ao se travestir conforme as circunstâncias; e é sorrateiro, ao penetrar e ser aceito de forma natural, ampla e ambidestra. Logo, é extremamente pernicioso em suas sutilezas e invisibilidade".

Assim, veremos que o antissemitismo é também estrutural, assim como o racismo contra os negros. Maria Luiza Tucci Carneiro (2008), importante historiadora brasileira, ao falar da "raça indesejável", explica que o antissemitismo é um fenômeno multifacetado, com capacidade de deformar realidades e de se metamorfosear como um camaleão. Como componentes comuns aos discursos racistas, estão a mentira e a dubiedade, que transformam o ódio em normas que todos devem observar. Carneiro diz que é nesta camuflagem que se vê instalada a *hipocrisia*, atitude característica dos racistas em geral e sempre uma ótima aliada da mentira.

No Brasil, esta modalidade de antissemitismo político existiu enquanto política de bastidores nos governos Vargas (1937-1945) e Dutra (1946-1950), que consideravam o judeu uma "raça indesejável para compor a população brasileira". Nesse sentido, antes de seguir, parece-me fundamental contextualizar e inscrever o antissemitismo como uma das formas de racismo, por isso prefiro usar a expressão "racismos", no plural, entendendo que estamos nos referindo ao preconceito, no Brasil, contra as minorias: negros, indígenas, judeus e LGBTQIA+. O ponto está em que antissemitismo e racismo(s) obedecem a uma mesma lógica: a homogeneização do objeto, ou seja, a ideia de que há uma única forma de ser, anulando a diversidade e as diferenças, eliminando o diferente.

Michel Gherman (2021), professor e historiador da UFRJ, fala sobre o "judeu imaginário", o "judeu real" e o "antissemitismo estrutural". O antissemitismo estrutural nos habita e nos constitui inconscientemente, da mesma forma que se dá o racismo estrutural dirigido aos negros. Um pequeno exemplo da cultura popular, do avesso das palavras: o termo popular "judiaria" e a expressão "não tenho preconceito, tenho muitos amigos judeus". O judeu *imaginário* corresponde ao judeu bíblico, ao que matou Cristo, ao que gosta de dinheiro, ao avarento, sendo identificado com o judeu pré-moderno. Os judeus pertencem às minorias e uma característica do preconceito que sofrem, baseado nessa concepção do judeu imaginário, pode ser observada na expressão "você é judeu", reduzindo a singularidade e a nacionalidade a este imaginário grupal. Assim, ser judeu vem antes de ser pessoa.

Trazendo um exemplo do fundador da psicanálise, Sigmund Freud (1925), que repetiu em sua autobiografia o que já havia dito no discurso aos membros da B'nai B'rith:

> *Na universidade me deparei com algumas decepções; especialmente com algumas insinuações de que eu deveria me sentir inferior e estrangeiro, por ser judeu [...] Muito cedo me familiarizei com o destino de me encontrar na oposição, fora da compacta maioria. Assim eu me preparava para uma independência de juízo. (Freud, 1925/1976, p. 9)*

Em seu lado judeu, Freud se sabia capaz de subverter a lógica vigente, de se desenraizar permanentemente, de se deslocar por meio das fronteiras. Via-se capaz de estar do outro lado da realidade material e partiu para a busca do múltiplo sentido das palavras e dos afetos, daquilo que não estava representado e fixo.

Lia Vainer Schucman (2021), autora do livro *Entre o encardido, o branco e o branquíssimo: branquitude, hierarquia e poder na cidade de*

São Paulo e responsável pela popularização do termo "branquitude", conta que uma vez lhe perguntaram se, apesar de ser judia, ela teria condições de trazer contribuições aos direitos humanos, ao que ela respondeu que, justamente por ser judia, identificada com as minorias e suas lutas específicas e pelas histórias de família, é que teria condições de fazê-lo. Ela nos recorda que, no Brasil, os judeus têm um duplo lugar: o de minoria, com direito a ocupar o lugar da fala e participar desta discussão; e o lugar de "branco", pois ocupa uma condição socioeconômica distante da periferia, via de regra. Entretanto, no imaginário brasileiro há uma identificação do judeu com um dos lados desse duplo lugar, o lugar do opressor.

Voltando a Michel Gherman (2021), o judeu da modernidade, o *judeu real*, também está incluído no rol daqueles que sofrem preconceito, visto que implica forças de modernismo. Acaso não seria o judeu real representado em sua ampla diversidade? Acaso não seria a judeidade uma construção permanente e permeada de contradições, tradições e atravessada pela complexidade, pela dúvida e pelas incertezas?

O *pre*conceito, o que antecede ao conceito, está ligado, estreitamente, ao fanatismo, ao pensamento único e à homogeneização, ao jeito único e absoluto de ser, que exclui o diferente, o diverso, o alheio. Impossível não se lembrar de Amós Oz, escritor israelense, e seu famoso livro *Como curar um fanático* (2006), e a quem tive o privilégio de escutar ao vivo no Fronteiras do Pensamento, em Porto Alegre, ocasião na qual disse que "existe um fanático em cada um de nós". O fanático, diz ele, é uma pessoa que prefere sentir no lugar de pensar.

Seria o modo de pensar judaico – se é que podemos dizer que existe um –, duvidando, perguntando, não respondendo, talmúdico, talvez, uma semente do antissemitismo/fanatismo?

Há um modo de pensar judaico de estar sempre dissecando, sempre analisando, sem jamais descansar na misericórdia da síntese (Talmud e o Contraditório) – é o que defende Jean Paul Sartre, assim como dissemina sua ideia, bastante popular aliás, de que o judeu passa a ser o depositário de todo o mal.

O fundamental conceito de Christopher Bollas, em seu clássico livro *Ser un personaje*, nos ajuda a compor uma ideia de fanatismo quando descreve o estado mental fascista: "O elemento nuclear do estado mental fascista (no indivíduo ou no grupo) é uma ideologia que mantém sua certeza graças à operação de determinados mecanismos mentais destinados a eliminar toda oposição" (1994, p. 245, tradução nossa). "O estado anímico exalta a virtude da pureza, que não é contaminada [...], mantendo a pureza pela evacuação oral do nocivo" (1994, p. 250, tradução nossa). Diz ele: "seria tal judeidade em si mesma a semente do antissemitismo?"

A memória é um trabalho...

Voltando a esta parte terrível da história da humanidade, podemos falar um pouco de memória. Conforme tratamos no capítulo anterior, nossos tempos ficaram profundamente marcados pelas feridas do Holocausto, considerado a "cesura histórica de Auschwitz", deixando um antes e um depois na memória e na história da humanidade e na ideia que o ser humano tem de si próprio. É o buraco negro deixado na história da civilização ocidental, como referido por Primo Levi (1988). Ainda como apontado por Roudinesco (2008), no genocídio se busca aniquilar o outro e toda a sua descendênca, uma destruição que perpassa muitas gerações, não somente em sua possibilidade criativa da concretude biológica, mas que se estende às potencialidades criativas no sentido amplo das futuras gerações. São histórias marcadas por traumas próprios ou alheios que não podem ser medidos, nem pensados, nem lembrados, nem falados. Permanecem encriptados e não encontram o caminho da representação, ficando assim sem elaboração possível, detidos no mundo do silêncio, do secreto, da não memória, da cisão do eu, das técnicas extremadas de defesa, de sobrevivência psíquica. Ao mesmo tempo, o tempo nunca se faz passado, os fatos encontram-se de forma permanente e silenciosa no presente psíquico, e não é possível, portanto, construir uma história, tampouco memória (Trachtenberg, 2017).

A psicanálise, como já vimos anteriormente, mostrou-nos que uma grande parte dessas experiências permanece como material psíquico traumático não elaborado e assim, como material bruto, se transmite, inconscientemente, às gerações seguintes. Radioatividade pura, como lembra Yolanda Gampel (2006, 2022). Desse modo, começa a misteriosa história de muitos pacientes, e assim se iniciaram, nos anos 1970, os estudos da transgeracionalidade, que se ampliaram nas últimas décadas, enriquecendo nossa escuta no intramuros de nossos consultórios e abrindo caminho para uma na memória coletiva.

É nesse sentido que nós, psicanalistas, precisamos refletir se estamos em condições de vislumbrar, diante desses traumas da história, uma transformação como possível; refletir sobre os destinos possíveis que podemos elaborar para esse passado presente e sobre como a psicanálise pode contribuir para a "escuta do não dito", nas palavras de Primo Levi.

Testemunhos

Vários sobreviventes do Holocausto, ou de Auschwitz, no sentido genérico que Roudinesco utiliza, deixaram fantásticos testemunhos de suas experiências, por meio de romances, como Primo Levi, Imre Kertész, Jorge Semprún, Elie Wiesel, entre outros, muitos deles ganhadores de importantes e reconhecidos prêmios de literatura. Fizeram-no em diferentes épocas, depois de sua saída do inferno.

Como narrar o inenarrável ou testemunhar sobre algo que está além da compreensão humana? Esta é uma pergunta de Giorgio Agamben (2005) em *O que resta de Auschwitz*, cuja resposta ele procura no entendimento das dimensões da produção escrita dos sobreviventes do Holocausto, a partir de uma análise profunda do papel do testemunho como documento histórico e de seus limites enquanto relato pessoal. *O que resta de Auschwitz* investiga as dificuldades do testemunho quando este envolve a perda de referenciais básicos num espaço marcado pela total ausência de normas, em que o esforço pela identificação de algo parecido com uma lógica de funcionamento não só se mostrava vão, como também poderia significar a não sobrevivência. O relato do escritor Primo Levi, sobrevivente de Auschwitz, é matéria-prima para a análise de Agamben. Levi se coloca como testemunha e condiciona sua sobrevivência à necessidade de contar essa história. Em suas palavras, Auschwitz marca o fim e a ruína de qualquer ética da dignidade e da adequação a uma norma. A vida nua, a que o homem foi reduzido.

Em outra perspectiva, Kaës (1991) chama-nos a atenção para a necessidade de um tempo de silêncio, de *latência*, para que o terror e o horror nazistas fossem pensados, ou ditos, ou postos em palavras. É o tempo necessário para que esse passado traumático que não passa, que não se transforma, essa experiência não recordável, sem uma saída criativa, possa, por uma conjugação de fatores muito diversos, ser utilizado no âmbito e no espaço social, cultural. Para Kaës, a construção de uma memória coletiva viva supera a repetição e é trabalho da intersubjetividade, da política e da cultura.

Puget (2000) aponta para a necessidade de uma *memória ativa*, capaz de gerar transformações, escapando do risco de uma memória de repetição traumática. Novas práticas, realizadas pelo conjunto, abrem caminho para um trabalho criativo e de pensamento. A memória individual estrita é impossível, já que as lembranças dos indivíduos são construídas a partir de sua relação de pertença a um grupo.

Analogamente, a memória coletiva, propriamente dita, é o trabalho que um determinado grupo social realiza, articulando e localizando as lembranças em quadros sociais comuns. Na memória coletiva, o passado é permanentemente reconstruído e vivificado enquanto é ressignificado. Nesse sentido, a memória coletiva pode ser entendida como uma forma de história vivente. A memória coletiva vive, sobretudo na tradição, que é o quadro mais amplo no qual seus conteúdos se atualizam, se articulam e se dinamizam. A memória exige uma construção constante, pois não existe memória resguardada, definitiva, plena.

Alejandro Baer (2006) refere-se ao sociólogo Maurice Halbwachs, que desenvolveu uma teoria que vincula a memória coletiva à identidade e à continuidade do grupo social. O grupo existe, diz ele, na medida em que há uma recordação e uma ação comuns de recordar. Baer (2006) e Avraham (Tito) Milgram (2021), historiador do Museu do Holocausto (Yad Vashem), possuem ideias convergentes sobre a evolução da memória e dos depoimentos ao longo dos 75 anos que nos separam do final da Segunda Guerra Mundial. Milgram divide este período em três fases.

Fase 1

Nos anos 1945-1950, a memória era o silêncio. Havia apenas um silêncio ruidoso nas famílias, nas casas, no mundo. A psicanalista Yolanda Gampel (2006) conta que os sobreviventes não conseguiam falar e os filhos não conseguiam perguntar/escutar. Não havia museus ou monumentos, tão somente a carga emocional individual. Não havia uma memória coletiva nem pública, não havia institucionalização da memória. Havia uma *memória* – silenciada, criptada – *particular.*

Fase 2

Em 1961, com o Julgamento de Eichmann em Jerusalém, inicia-se um processo de universalização da memória do Holocausto em Israel e no mundo ocidental. A partir daí, a memória passa a ser pública, com a divulgação das fotos dos campos de concentração e de extermínio e a revelação dos horrores da *Shoah.* Jovens que não sabiam "nada", tanto na Alemanha quanto no mundo, começam a fazer perguntas. A *memória* torna-se, assim, *pública* e *massificada.*

Fase 3

Na década de 1970, a minissérie estadunidense *Holocausto* e, especialmente na década de 1990, o filme de Steven Spielberg, *A lista de Schindler,* tornam-se marcos fundantes para a construção de uma memória interrogativa e incentivadora. A Fundação USC Shoah, espetacular criação de Steven Spielberg, recolhe, em diferentes partes do mundo, o relato dos sobreviventes ainda vivos, como uma tentativa de doar para a humanidade a memória dessa parte terrível de sua história. Há uma clara consciência da importância da preservação dos testemunhos em vida. Observa-se, em distintas comunidades pelo mundo, o fortalecimento dos movimentos pela preservação de memórias, testemunhos, documentos etc. Novas gerações interrogam, depoimentos particulares passam a ser registrados. Há um retorno à memória privada, por meio dos depoimentos dos sobreviventes, porém com escuta e acolhimento grupal. Segundo Milgram, seria a *memória personalizada.*

Abrem-se possibilidades de sair das criptas e dos silêncios, heranças transgeracionais da vergonha pública (e não justificada!), e rumar para o caminho das heranças intergeracionais (Trachtenberg, 2005). A memória passa a ser pública e privada – personalizada –, e fica aberto o caminho para a *universalização* da memória da Shoah.

Museus/monumentos/romances

Nesse movimento, nascem os museus, monumentos, romances com relatos. Nos últimos anos, não cessam por todo o mundo uma grande quantidade de sobreviventes tirando dos recônditos de suas mentes suas histórias, publicando livros, dando entrevistas etc. Trata-se de gente comum que deseja, ou necessita, contar suas experiências traumáticas, sem pretensão literária alguma. Depois de tantas décadas e próximos à morte por avançada idade, há uma espécie de pressão para deixarem um testemunho, como uma herança, como um dever moral. Diante da consciência do perigo do esquecimento, transmitem sua amarga experiência para a História. Aparentemente, algo se descongelou e as palavras brotaram, puderam ser relato e criatividade potencial.

Ao observarmos o que se foi passando nas sucessivas gerações, tanto na primeira como na segunda e terceira gerações pós-Holocausto, percebemos como o genocídio nazista cumpriu sua promessa, no sentido amplo da palavra, destruindo vidas e mentes por várias gerações. Podemos tentar imaginar como sobreviveram psiquicamente os representantes de gerações tão permeáveis a conter a vesícula de produtos não pensáveis e, portanto, tóxicos, de seus pais, avós etc., no dizer de Puget (1991). Contudo, vemos que alguns descendentes puderam fazer uma incrível e fantástica transformação de seu legado transgeracional (no sentido patológico) em outro legado, em herança intergeracional, abrindo espaços de criatividade, a serviço da cultura e da memória coletivas (Trachtenberg, 2005). São representantes de toda uma geração identificada com e pelos dramas e fantasmas que provêm do interior das famílias. Nos últimos anos, também os filhos de sobreviventes nos apresentam variadas obras de literatura, sejam autobiográficas ou não, compartilhando conosco a difícil experiência de ser um filho de sobreviventes.

Em tempos de violência social, é necessário pensar sobre quais restos, impregnações, transmissões radioativas (Gampel, 2006) aparecerão no futuro mais próximo ou nas gerações futuras. Vivemos em uma época onde os sentimentos tendem a ser efêmeros e escorregadios. Nós, psicanalistas, confiamos nas palavras, mas parece que elas estão gradualmente perdendo parte de sua eficácia em sua função primordial, que é comunicar e conferir significado aos sentimentos humanos. As palavras já não parecem suficientes para despertar o aspecto humano dentro de nós, especialmente em uma era marcada pela velocidade, pela predominância de imagens e pela abundância de memória nos computadores em contraste com a escassez de memória nas mentes. Em um mundo que valoriza a rapidez, a necessidade de formas diversas de expressão cultural e artística parece crescer a cada dia.

Em 2022, Gampel nos diz que a dor social é percebida nos atos comemorativos e na literatura. Sabemos que nunca há uma réplica exata da dor sentida, nem no corpo do indivíduo nem no corpo social: é uma aproximação metafórica traduzida em memória, representação, ato simbólico, poema. Cumprem a função de "universalização do traumático da humanidade", universalização da Shoah. Este é um dos elementos importantes dos museus Yad Vashem, em Jerusalém, do Museu Judaico e do Memorial para Vítimas do Holocausto, ambos em Berlim, do Museu do Holocausto, em Washington, entre outros. No Brasil, o Museu de Holocausto de Curitiba também cumpre essa função e, nas palavras de Carlos Reiss, seu diretor:

> *Deixa de ser somente um recorte do* Shoá *– função de educação e preservação da memória das vítimas do Holocausto (judeus, negros, ciganos, homossexuais, deficientes) – e passa a ser parte das nossas mazelas: racismo, LGBTIA+fobia, antissemitismo, violência contra a mulher, indígenas, intolerância religiosa, refugiados. (Milgram, 2021)*

Importante destacar sua implicação na diversidade e nas diferenças. São memoriais que ficam não somente como registro, mas sim, fundamentalmente, como uma oportunidade experiencial e vivencial, como legado para as futuras gerações.

Dentro da perspectiva da universalização e da memória criativa, destaco alguns pontos para reflexão:

1. Museus e monumentos (neste caso, os museus e monumentos relativos ao Holocausto): a recordação evoca uma tradição e algo do passado que deve ser levado para o futuro, e é, possivelmente, a dimensão mais profunda da alma humana, diz Libeskind (2008), o arquiteto que projetou o Museu Judaico de Berlim e é o responsável pelo Marco Zero de New York.

2. Educação: informar professores e educadores é fundamental para a memória ativa e criativa da humanidade. Porto Alegre e algumas outras capitais do Brasil têm parcerias entre entidades judaicas e escolas, com essa finalidade.

3. Depoimentos e registros: trabalho importante da Fundação USC Shoa, Instituto Cultural Judaico Marc Chagall, programas como Marcha da Vida etc.

4. Datas comemorativas: 27 de janeiro – o dia da libertação de Auschwitz, em 1945, foi marcado pela ONU como data de lembrança

e homenagem aos mortos na *Shoah*. É um "nunca mais" para todos os povos.

5. Debates: importância da promoção de espaços para diálogo e memória deste período.

6. Tradições: manter as tradições faladas, escritas e contadas é essencial. O passado de escravidão dos judeus no longínquo Egito, há 3000 anos, é um exemplo. Nas tradições judaicas, o recordar se mescla com o re-viver. Em *Pessach*, a Páscoa Judaica, a "Passagem", recordamos ritualisticamente esse período da escravidão e transformamos a memória em história viva. A leitura da Hagadá conta a história da escravidão e pergunta: por que esta noite é diferente de todas as outras noites? Esta pergunta é repetida todos os anos, há séculos, nessa ocasião.

7. Outros: recentemente, a colega Paola da Silva Amendoeira, do Intercommittee on Prejudices and Racism IPA (International Psychoanalytical Association), declarou que:

> *A Associação Internacional de Psicanálise, atenta às suas raízes, estabeleceu uma tábua de valores para seus membros: Princípios Éticos da* IPA, *que refletem os valores humanitários, tendo em sua constituição um item exclusivo relativo aos direitos humanos, no qual se destaca que: "Nenhum psicanalista participará ou facilitará a violação dos direitos humanos básicos de qualquer indivíduo, conforme definido pela Declaração de Direitos Humanos da* ONU*", lembrando que o racismo opera o genocídio lento, porém constante, do povo negro, dos indígenas e dos judeus e de uma ampla e complexa existência de minorias raciais e étnicas.*

Finalizo com Amós Oz e sua pergunta impossível e profundamente psicanalítica: É possível curar um fanático? Sem a pretensão de responder, o escritor Oz nos apresenta quatro elementos-chave para a "cura" do fanático: o humor, a curiosidade, o poder da imaginação e a empatia.

Referências

Agamben, G. (2005). *Lo que queda de Auschwitz: el archivo y el testigo.*

Amendoeira, P. S. (2021). International Psychoanalytical Association. [IPA webinar – The Work of the IPA Intercommittee on Prejudices and Racism]. Youtube. Recuperado de https://www.youtube.com/watch?v=VVdxX8gpfX8

Baer, A. (2006). *Holocausto. Recuerdo y representación*. Losada.

Bauman, J. (2005). *Inverno na manhã: uma jovem no Gueto de Varsóvia*. Jorge Zahar.

Bauman, Z. (1998). *Modernidade e Holocausto*. Zahar.

Bollas, C. (1994). *Ser un personaje: psicoanálisis y experiencia del sí-mismo*. Paidós.

Carneiro, M. L. T. (2008). A raça indesejável. *Revista Pesquisa – Fapesp*. Recuperado de https://revistapesquisa.fapesp.br/a-raca-indesejavel/.

Freud, S. (1976). Presentación autobiográfica. In *Obras completas* (Vol. 20). Amorrortu. (Trabalho original publicado em 1925).

Gampel, Y. (2006). *Esos padres que viven a través de mí. La violencia de estado e sus secuelas*. Paidós.

Gampel, Y. (2002). *A dor do social. Livro Anual de Psicanálise* (Tomo XXXVI).

Gerchmann, L. Facebook, 7 fev. 2021.

Instituto Brasil-Israel. (2021, 14 janeiro). *Precisamos falar sobre o antissemitismo na esquerda*. Youtube. Recuperado de https://www.youtube.com/watch?v=F8E1jM0chlE

Kaës, R. (1991). Rupturas catastróficas y trabajo. In J. Puget; & R. Kaës (comp.). *Violencia de Estado y psicoanálisis*. Centro Editor de America Latina.

Levi, P. (1988). *É isto um homem?* Rocco.

Libeskind, D. (2008). Fronteiras do Pensamento. Copesul Braskem.

Milgram, T. (2021, 27 janeiro).Holocausto: ecos e memórias. [Federação Israelita SP]. YouTube. Recuperado de https://www.youtube.com/watch?v=XN9uTbHB69k

Morin, E. (2007). *O mundo moderno e a questão judaica*. Bertrand Brasil.

Oz, A. (2006). *Como curar um fanático*. Companhia das Letras.

Puget, J. (1991). Violencia social y psicoanálisis: de lo ajeno estructurante a lo ajeno-ajenizante. In J. Puget; & R. Kaës (comp.). *Violencia de Estado y psicoanálisis*. Centro Editor de America Latina.

Puget, J. (2000). Traumatismo social: memoria social y sentimiento de pertenencia, memoria social-memoria singular. *Revista de APdeBA*, 32, 455-482.

Roudinesco, E. (2008). *A parte obscura de nós mesmos: uma história dos perversos*. Zahar.

Trachtenberg, A. R. C. (2005). Trauma, transgeracionalidade e intergeracionalidade: uma transformação possível. In A. R. C. Trachtenberg et al. *Transgeracionalidade – de escravo a herdeiro: um destino entre gerações*. Casa do Psicólogo.

Trachtenberg, A. R. C. (2009). História de traumatismos e traumatismos da História. *Psicanálise – Revista da Sociedade Brasileira de Psicanálise de Porto Alegre*, 11(1), 17-27.

Trachtenberg, A. R. C. (2017). Transgeracionalidade: sobre silêncios, criptas, fantasmas e outros destinos. *Revista Brasileira de Psicanálise*, 51(2), 77-89.

12. As fontes judaicas da psicanálise

Sigmund Freud nasceu em Freiberg, Morávia (hoje Pribor, República Checa), em 6 de maio de 1856, filho de pais judeus e neto de rabinos. Aos quatro anos mudou-se para Viena, ali permanecendo até 1938, quando saiu para o exílio em Londres, empurrado pelo nazismo. A Viena onde cresceu estava marcada pelo antissemitismo e, ao mesmo tempo, por uma forte tendência assimilativa à cultura ocidental, especialmente no meio intelectual, do qual ele fazia parte. Foi no século XIX que o judaísmo ganhou a opção de ser entendido como ética, dissociada da religião ou de seus rituais. A emancipação, dando direitos civis aos judeus, foi aplicada pela Constituição austríaca em 1867, aos nove anos de Freud. Ele não foi um homem religioso, nem tampouco aderido aos rituais ou tradições, porém, manteve, ao longo de sua vida, o reconhecimento de sua origem judaica.

A impregnação do judaísmo em Freud é evidente em muitos aspectos, sobre os quais falaremos logo, mas gostaria de ressaltar que o judaísmo nele ocupa uma parte, fundacional, de um *conjunto* de influências em sua formação pessoal e intelectual, já que ele foi, sem lugar a dúvidas, um cidadão do mundo. De acordo com muitos autores, entre eles Robert (1973), Gay (1987) e Pfrimmer (1994), Freud nutriu-se de inúmeras fontes de literatura, filosofia, ciências naturais etc., que atuaram como forças centrípetas para a sua formação cultural. O judaísmo é uma dessas fontes e ali ocupa um lugar particular, especial. Se foi na mitologia grega, na lenda de Édipo, que Freud buscou a metáfora central da psicanálise, foi no judaísmo herdado, na Bíblia e no Talmud que ele encontrou a sua própria essência para criar uma teoria revolucionária.

Rouanet (2003) nos diz que não se trata de judaizar a psicanálise ou de psicanalisar o judaísmo, pois

> *a Psicanálise não é judia nem gentia* (goy), *mas sim o resultado da sua confluência, nasce da tensão, do* conflito entre as duas culturas. *Não é uma síntese de dois polos, é a impossibilidade de toda síntese e, ao mesmo tempo, a impossibilidade de uma separação. (p. 18)*

Minha intenção aqui é fazer apenas um *recorte* pessoal de alguns aspectos da influência do judaísmo na vida da criança e do jovem Freud, que entendo como fontes importantes para o surgimento da psicanálise. As fontes judaicas da psicanálise fazem parte da história e da pré-história de Sigmund Freud. Refiro-me aos efeitos daquelas marcas que ficam impressas na mente de uma criança e de um jovem, provenientes de uma história vivida por antepassados, ao longo de várias gerações. Um conjunto de tradições, modelos de pensamento, vínculo materno/paterno – filial, conflitos etc. – são transmitidos consciente e inconscientemente de uma geração a outra por identificações telescópicas ou identificações alienantes (Trachtenberg, 2005). Em nosso propósito, a abordagem dessas transmissões, que podem ser transgeracionais ou intergeracionais, como já vimos, ficará restrito à via paterna.

O pai

Rouanet (2003) segue observando que, com Freud, a coexistência das duas culturas não foi pacífica, pois havia uma coabitação tensa. Ele queria e não queria permanecer judeu, queria e não queria ser um homem ocidental. A ambivalência de Freud está diretamente ligada a seu pai, já que ele o amava – e, por essa via, aceitava a herança judaica – e, ao mesmo tempo, não o amava, exprimindo por meio desse sentimento hostil seu desejo de se distanciar de uma origem racial que o condenava à humilhação. O velho Jakob aceitara passivamente o antissemitismo reinante em vez de lutar contra ele, sendo ele mesmo era um homem conflituado com a sua identidade judaica. A famosa cena do gorro de pele, descrita em *A interpretação dos sonhos* (sonho do tio de barba amarela), testemunha a força da ambivalência em relação ao pai. Diz Freud (1900):

> *E agora chego enfim à experiência da infância que ainda hoje manifesta seu poder nestes sentimentos e sonhos. Eu teria dez ou doze anos quando meu pai começou a me levar para seus passeios e a se abrir comigo quanto a suas concepções a respeito das coisas deste mundo. Foi assim que uma vez, a fim de me mostrar como o meu tempo era melhor que o dele, contou-me: quando eu era rapaz, estava passeando num sábado, na rua de tua cidade natal, bem vestido, com um gorro de pele (kipá ou solidéu) novinho na cabeça. Eis que de repente aparece um cristão, e de um golpe me atira o gorro na lama (Kot = também merda) e grita: "Judeu, desce da calçada!". "E o que foi que você fez?", perguntei a meu pai. "Eu desci até a rua e peguei meu gorro", assim foi a resposta resignada. Isso não me pareceu heroico vindo*

> *do homem alto e forte que me levava pela mão, a mim, o pequeno. (p. 211)*

A autoanálise dos sonhos, revelada em 1897 em suas cartas a Fliess (Freud, 1950), que marca o *nascimento* da psicanálise propriamente dita, acontece no ano seguinte ao da morte de Jakob Freud, pai de Sigmund. Na ocasião, Freud dissera que se tratava de uma das perdas mais poderosas que um homem poderia sofrer. O próprio Freud e muitos de seus estudiosos atribuem um lugar fundador a esse conjunto de acontecimentos.

A força da Bíblia/Torá/Talmud

Jakob Freud, pai de Sigmund, era um homem liberal, emancipacionista e assimilado à cultura ocidental, em consonância com a época que lhe tocou viver. Ele apenas respeitava as grandes festas do calendário judaico, mas era ligado à Bíblia, ao Velho Testamento, ao Livro dos Livros e conhecia perfeitamente o idioma hebraico. A Bíblia da família era a Bíblia de Philippson, criação do século XIX, original por ser bilíngue – alemão e hebraico – e por conter muitas ilustrações. É nela que Jakob registra dois acontecimentos relevantes, escrevendo em hebraico: "6ª feira, 4 da tarde, 6 de Adar de 5616, ou seja, 21 de fevereiro de 1856: meu pai, o rabino Schlomo, filho do rabino Ephraim Freud, entrou em sua morada celeste". Apenas algumas semanas depois, voltou a escrever: "no primeiro dia do mês de Iar de 5616, ou seja, 6 de maio de 1856, às 6 e meia da tarde: nasceu o meu filho Schlomo Sigismund". Jakob designa o recém-nascido com o nome de seu próprio pai, como manda a tradição judaica, expressando assim o desejo de que esse primogênito de seu terceiro casamento ilustre novamente o patronímico familiar, seguindo os rabinos, avô e bisavô, eruditos e letrados. Parece também uma informação interessante a que Ostow (1989) nos fornece: aos 13 anos, idade do ritual de passagem bar-mitzvá que outorga maturidade ao menino judeu (Trachtenberg, 1999), Freud trocou o nome que recebera ao nascer, de "Schlomo Sigismund" para "Sigmund", sua forma mais germânica.

Naquela mesma Bíblia, aos sete anos, Freud aprendeu a ler, conduzido pela mão do pai. Nessa jornada, o menino se fascinou com a Bíblia e com suas suntuosas gravuras: vistas a Israel, Egito, Roma, Pérsia, Grécia etc. Em sua autobiografia (1925), escreveu: "Meu precoce aprofundamento na história bíblica, quando apenas havia aprendido a ler, teve, como percebi muito depois, um efeito duradouro sobre a orientação do meu interesse" (p. 8). Ao introduzir seu filho na leitura do Livro dos Livros, Jakob Freud cumpriu com o primeiro dever de um pai judeu: abrir passo a seu filho para o caminho da cultura. Assim, o jovem Freud foi precocemente estimulado a "viajar", imaginar, criar e recriar a respeito de seus antepassados, sua história, outros lugares, outros mundos. A atitude de Jakob foi fundamental como âncora identificatória do apetite de saber daquele que seria o pai da psicanálise.

A Melitzá

Quando Freud completou 35 anos, que para a cultura da época era o verdadeiro ingresso na maturidade, seu pai Jakob o presenteou, cinco anos antes de falecer, com a Bíblia da família. Ele mandou fazer uma nova encadernação de couro e escreveu uma belíssima dedicatória em hebraico, seguindo a *Melitzá*, estilo que consiste em um mosaico de fragmentos e expressões da Bíblia hebraica ou do Talmud reunidos para formar uma nova e original manifestação.

A dedicatória em *Melitzá* tem sido objeto de muitos estudos psicanalíticos e ilustra a relação de amor, mediada pelo amor aos livros, entre Jakob e seu filho Sigmund. Impressionado com esta dedicatória, Derrida (2001) diz:

> *Um dom portava esta inscrição. O que o pai dá a seu filho é ao mesmo tempo uma escritura e seu suporte, através de uma transmissão intergeracional/transgeracional. O suporte era a própria Bíblia, o "Livro dos Livros", uma Bíblia Philippson, onde Freud estudara em sua juventude. Seu pai a entrega a ele, depois de tê-la ofertado como presente antes; o pai a restitui com uma nova encadernação de couro. Encadernar, ligar as folhas novamente é um ato de amor. De amor parental. Tão importante quando o texto em Melitzá, estes fragmentos bíblicos [...] transmitem todo o pensamento do pai. (p. 34)*

Dedicatória de Jakob Freud

1 *Filho que me é querido, Shelomoh.*
2 *No sétimo dos dias dos anos de tua vida, o Espírito do Senhor começou a te animar*
3 *e falou em ti: Vai, lê meu livro que eu escrevi*
4 *e nele irromperão para ti as fontes da compreensão, do conhecimento e da sabedoria.*
5 *Vê, o Livro dos Livros, dos qual sábios escavaram*
6 *e legisladores aprenderam conhecimento e justiça.*
7 *Uma visão do Todo-Poderoso tiveste; ouviste e te esforçaste para fazê-lo,*
8 *e te elevaste nas asas do Espírito.*

> 9 *Desde então, o Livro tem sido guardado como os fragmentos das Tábuas*
> 10 *em uma arca comigo.*
> 11 *Para o dia em que os seus anos chegarem a cinco mais trinta*
> 12 *pus nele uma capa de pele nova*
> 13 *e chamei-o: "Brota, ó poço! Entoai-lhe Cânticos!"*
> 14 *E o dei a ti como comemoração*
> 15 *e lembrança de amor de teu pai,*
> 16 *que te ama com perene amor. Jakob filho de Rabino Shelomoh Freid* [sic]
> 17 *Na cidade capital de Viena 29 Nisan [5]651 6 de maio [1]891. (Yerushalmi, 1982, p. 164)*

A Torá, ou Pentateuco, é composta pelos cinco primeiros livros do Antigo Testamento (Gênesis, Êxodo, Levítico, Números e Deuteronômio), e sua leitura diária era obrigatória a todos os judeus do sexo masculino. A alfabetização compulsória, que faz parte de uma tradição, contribuiu para a caracterização desse povo como o povo do livro, ou o povo dos leitores. A palavra "Talmud", em hebraico, quer dizer "estudo", "aprendizagem". O Talmud é um livro superior, escrito no ano 500 da era cristã, que complementa e amplia a Torá. Inicialmente de transmissão oral, contempla a discussão e o questionamento permanente da lei mosaica contida na Torá. Trata-se de um debate incessante entre os sábios, que *interpretam* a lei, com mais perguntas do que respostas, em que cada detalhe se abre a novas dúvidas. Essa característica da interpretação talmúdica foi fundamental na formação pessoal e cultural de Freud e transmitida à psicanálise com força monumental. Para Mezan (1987), a interpretação do texto talmúdico se move no registro dos processos primários, como o da não contradição, por exemplo.

Como observa Rouanet (2003), é nítida a semelhança entre um pensamento como o judaico e a psicanálise. No primeiro, o leitor da Torá é instruído a navegar pelo rio da polissemia, fazendo os sentidos se multiplicarem; a leitura está sempre condenada à incompletude e o tempo da rememoração reatualiza permanentemente o passado, na perspectiva de um futuro infinitamente aberto. Na segunda, cada elemento da cadeia associativa pode entrar em conjunções significativas sempre novas, num processo interminável em que nenhuma interpretação pode ser considerada definitiva. Merece especial destaque que, no Talmud, há um *predomínio da interpretação sobre a revelação* (divina).

Fuks (2003) nos lembra que Lacan, em seu trabalho "Transmissão e Talmude", afirma que a psicanálise talvez não seja concebível como nascida fora dessa tradição hebraica. Entendo que é no seio dessa tradição talmúdica interpretativa de separação, de corte, de produção de diferenças e de não fundamentalismos, em que nasce a psicanálise freudiana.

Anti-idolatrismo

Outra característica fundamental da cultura judaica e de extrema importância para o que estamos nos propondo a refletir é o anti--idolatrismo. Faz parte da história e da cultura mosaicas derrubar ídolos e preconceitos, o que facilita livrar-se dos obstáculos ao conhecimento racional. Essa característica é intrínseca à psicanálise enquanto teoria e prática da subversão permanente, da constante destruição de todos os bezerros de ouro.

Por estarem proibidos de representar a divindade, os judeus experimentaram um grande progresso no sentido da abstração, pois foram obrigados a subordinar a percepção sensorial a uma ideia, o que significou um triunfo da inteligência sobre a sensibilidade.

O Deus mosaico não é só invisível, ele é também irrepresentável. Com isso, os hebreus aprenderam a valorizar a essência que se esconde sob a aparência, bem como manejar conceitos abstratos. É nesse sentido que Freud podia dizer que os judeus eram menos sujeitos aos preconceitos. Seu monoteísmo rigoroso os defende da magia, da superstição, da crença nos espíritos e os impulsiona para a capacidade de simbolizar.

O não lugar

Podemos agora seguir com nosso pensamento até outro espaço, o "não lugar" do judeu. Trata-se do lugar do estrangeiro, do judeu errante, da vocação para o exílio, da perpétua errância. É a repetição milenar da herança de um líder, Moisés, que não pôde entrar na Terra Prometida. Em sua autobiografia, Freud (1925) repetiu o que já havia dito no discurso aos membros da *B'nai B'rith*:

> *Na universidade me deparei com algumas decepções; especialmente com algumas insinuações de que eu deveria me sentir inferior e estrangeiro, por ser judeu. [...] Muito cedo me familiarizei com o destino de me encontrar na oposição, fora da compacta maioria. Assim, eu me preparava para uma independência de juízo. (p. 9)*

Freud chegara em Viena menino, vindo do leste europeu, e no decorrer do tempo nunca deixou de sentir-se um estrangeiro. Ele se sabia capaz de subverter à lógica vigente, de se desenraizar permanentemente, de se deslocar através das fronteiras. Via-se capaz de estar do outro lado da realidade material e partir para a busca do múltiplo sentido das palavras e dos afetos, daquilo que não estava representado ou fixo. Segundo Ricci (2005), Freud não escapa da concepção de que o judeu é "aquele que elimina as fronteiras".

A Terra Prometida

Sigmund Freud foi contemporâneo de Theodor Herzl, o pai do sionismo, aquele que sonhou reunir todos os judeus num mesmo espaço geográfico, interpretando o desejo de séculos de peregrinações e dispersões de seu povo. Herzl ousou modelizar um continente, formar uma unidade de conjunto, transformar um desejo, um sonho, um espaço desconhecido numa realidade, dar um lugar.

Sigmund Freud, pai da psicanálise, um homem não sionista, cria sob a forma de uma teoria espacial: em cada um de nós existe um alhures, uma outra província, um outro reino – o inconsciente; o aparelho psíquico é um espaço, uma tópica.

Freud e Herzl propõem aos seus contemporâneos um sonho de espaço e de conquista. Herzl sugere a criação de um Estado dos judeus, dando a soberania de um pedaço da superfície terrestre, enquanto Freud formula a hipótese de uma terra prometida interior, a existência de uma terra de asilo que cada um contém em si mesmo. Duas soluções espaciais diferentes, até mesmo opostas, mas de uma certa maneira simétricas. Na instância em que Herzl encoraja a partida, a emigração, Freud opta por uma imigração ainda mais profunda. A um alhures exterior e longínquo, Freud prefere uma viagem interior, um retorno às origens da própria pessoa.

Apesar de tudo que os diferencia, para dar aos judeus um país ou para restituir ao homem o inconsciente, ambos recorrem ao poder do sonho. Se, para Freud, "a interpretação dos sonhos é a via régia que leva ao conhecimento do inconsciente na vida psíquica, para Theodor Herzl, o sonho conduz a Sion" (Flem, 1994, p. 104).

Homo Duplex

Sigmund Freud nos forneceu o modelo mais completo do *Homo Duplex*. Ele tinha duas identidades: a judaica e a de cidadão do mundo. Como judeu, sentia-se o estrangeiro; como cidadão do mundo ocidental, foi herdeiro de Goethe, Sófocles, colecionador de antiguidades, estudioso dos mitos. Foi um homem de alma dividida, fraturada.

O percurso de Shlomo a Sigmund, do menino inquieto e sonhador ao homem que produziu uma teoria revolucionária, até hoje nos impressiona (França, 2003). Há, entre tantas outras, uma pergunta que não cala: como podem essa teoria e esse movimento manter-se vivos, alimentados da conflitiva de um homem com seu pai, manter-se tão extraordinariamente vivos, há 150 anos do nascimento de Shlomo Sigismund Freud, filho de Jakob Freud, filho de rabino Schlomo Freud, filho de rabino Ephraim Freud? Inspirados no Talmud e na psicanálise, não buscamos uma resposta, formulamos e realçamos, apenas, a pergunta.

Referências

Derrida, J. (2001). *Mal de arquivo: uma impressão freudiana*. Relume Dumará.

Flem, L. (1994). *O homem Freud: o romance do inconsciente*. Campus.

França, M. A. F. (2003). Introdução – De Shlomó a Sigmund: um percurso. In, M. A. F. França (org.). *Freud: a cultura judaica e a modernidade*. Senac.

Freud, E., Freud, L. & Grubrich-Simitis, I. (ed.). (1998). *Sigmund Freud: his life in pictures and words*. W. W. Norton.

Freud, S. (1976). La interpretación de los sueños. In *Obras completas* (Vol. 4). Amorrortu. (Trabalho original publicado em 1900).

Freud, S. (1976). Presentación autobiográfica. In *Obras completas* (Vol. 20). Amorrortu. (Trabalho original publicado em 1900).

Fuks, B. B. Psicanálise, judeidade, alteridade: um estudo sobre Freud e a judeidade. In M. A. F. França (org.). (2003). *Freud, a cultura judaica e a modernidade*. Senac.

Gay, P. (1987). *Um judeu sem Deus: Freud, ateísmo e a construção da psicanálise*. Imago.

Mezan, R. (1987). *Psicanálise, judaísmo: ressonâncias*. Escuta.

Ostow, M. (1989). Sigmund and Jakob Freud and the Philippson Bible (with an analysis of the Birthday Inscription). I*nternational Review of Psychoanalisis, 16*, 483-492.

Pfrimmer, T. (1994). *Freud, leitor da Bíblia*. Imago.

Ricci, G. (2005). *As cidades de Freud*. Jorge Zahar Editor.

Robert, M. (1973). *Freud y la conciencia judía*. Ediciones Península.

Rouanet, S. P. (2003). As duas culturas da psicanálise. In M. A. F. França (org.). *Freud, a cultura judaica e a modernidade*. Senac.

Trachtenberg, A. R. C. (1999). Bar-Mitzvá: um ritual de passagem. *Psicanálise – Revista da Sociedade Brasileira de Psicanálise de Porto Alegre, 1*(1), 33-49.

Trachtenberg, A. R. C. (2005). Trauma, transgeracionalidade e intergeracionalidade: uma transformação possível. In A. R. C. Trachtenberg et al. *Transgeracionalidade – de escravo a herdeiro: um destino entre gerações*. Casa do Psicólogo.

Yerushalmi, Y. H. (1982). *Zahhor. História judaica e memória judaica*. Imago.

13. Moisés: um espaço de transcrição transformadora[1]

Moisés é meu servidor
Falo-lhe face a face,
claramente e não por enigmas,
E ele vê a forma de Deus.

(Números, 12:8)

A Bíblia, segundo Alter e Kermode (1997), na moderna concepção de ser a mesma obra de grande força e autoridade literárias, nos apresenta a Moisés num amálgama de personagem e redator deste texto clássico. Ele, que foi "revelador" da Torá (os cinco primeiros livros da Bíblia – Gênesis, Êxodo, Levítico, Números, Deuteronômio), representa em si, com vigor, as características que fazem da Bíblia um livro que tem provocado em seus leitores, por dois mil anos, a sensação, a um tempo, de ser familiar e estranha, como as características de um ancestral. Moisés, o grande líder e legislador

1 Texto adaptado da publicação original do livro *Literatura comparada e psicanálise: interdisciplinaridade, interdisciplinaridade, interdiscursividade* (Trachtenberg, 2002).

hebreu, é, para Brunel (1997), o absoluto e o inacabado, fonte literária inesgotável. Tudo em sua história é mistério, pois, com ele, Deus conversa face a face e não por meio de enigmas.

Foi esse homem, desde o seu nascimento, um estrangeiro, o outro, o alheio, o alienado, o diferenciado: um bebê no rio, um hebreu no Egito, um forasteiro no deserto, o escolhido por Deus para com Ele falar, aquele que é visto como um estrangeiro por seu povo e o que morre fora da Terra Prometida. Sigmund Freud se viu profundamente atraído por esse homem e a ele dedicou um de seus últimos trabalhos – "Moisés e a religião monoteísta" –, em que desenvolveu a original tese de que Moisés era egípcio. Dessa forma, Freud deu a Moisés um novo estrangeirismo ao fazê-lo perder, também, a sua condição de judeu.

Deus comunicou-se com Moisés, pela primeira vez, numa sarça ardente que não se consumia e aí o escolheu, compulsoriamente, como seu representante junto aos homens. Deu-lhe a árdua tarefa de transmitir as Tábuas da Lei, reforçando a aliança entre Deus e a humanidade, além de libertar o povo de Israel, que se encontrava prisioneiro no Egito, e conduzi-lo pelo deserto, rumo à Terra Prometida.

Nessa acidentada travessia, em meio a variados acontecimentos, tendo que cumprir com seu papel de intermediário e transmissor, Moisés desce da montanha carregando as Tábuas da Lei. No encontro com o povo, observa que ele adota uma atitude de rebeldia e contrariedade, adorando um bezerro de ouro. Enfurecido, Moisés quebra essas Tábuas, e Deus, ainda que tomado pela ira mas convencido por Moisés, decide dar aos homens uma segunda oportunidade e envia, por meio dele, as novas e definitivas Tábuas da Lei. Do alto da montanha, Moisés surge com o rosto brilhante, esplendoroso, iluminado e, para se encontrar com os homens, cobre seu rosto com um véu.

Assim, Moisés, prisioneiro de intenso sofrimento, inúmeras vezes pede para ser libertado de tão grandiosa e dura empreitada, que o coloca entre as exigências e a ira divinas e a ira e as frustrações dos homens. Recebe, entretanto, sistematicamente, uma resposta negativa. Sem alternativas, Moisés segue então a sua trajetória. Mais tarde, surge um novo mandato: a travessia pelo deserto deverá durar 40 anos mais, até que surja uma nova geração, mais capacitada, para obedecer e servir a Deus.

Passado esse tempo, e sempre sob a liderança de Moisés,

> *uma nova geração de israelitas havia se criado como pessoas livres, fortalecidas pelos rigores da vida no deserto e disciplinada pelas leis que Moisés lhes havia transmitido. Dos insubordinados e acovardados escravos que haviam saído do Egito, após 40 anos, se havia moldado uma pequena porém corajosa nação, pronta para ir ao encontro de seu destino na Terra Prometida. (Comay, 1998, p. 235)*

Por imposição divina, e contando já com a idade de 120 anos, Moisés não pôde aceder à Terra Prometida. A Moisés foi concedido, tão somente, subir ao alto de uma montanha e dali ter uma única e extraordinária visão, à distância, da Terra Prometida. Antes de morrer, mirou essa terra tão desejada, mas não pôde, entretanto, penetrá-la. Dessa imagem tão significativa na Bíblia, surge a ideia, que será desenvolvida mais adiante, de identificação telescópica.

Pouco antes de sua morte, Moisés oficiou, em cerimônia solene, a passagem a um novo líder dos israelitas, Josué, e lhe disse: "Sê forte e corajoso, pois tu entrarás com todo este povo na terra que Deus jurara dar aos nossos pais, e tu o farás herdá-la (Dt. 31,7)" (Comay, 1998, p. 235).

Moisés, no exílio, enterrado por Deus e não pelos homens, em local desconhecido até a atualidade, tornou-se assim um mito para a humanidade, a figura mais majestosa do Antigo Testamento. Esse homem, condenado a ser eterno estrangeiro, estranho, alienado, migrante e mirante (olha e não entra na Terra Prometida), sai do sonho, do desejo, da história e entra, assim, no infinito da tradição. Essa é a sua herança. Sua figura, mítica, ponto nodal, é o foco de múltiplos deslocamentos e representações da alma humana, nos diz Yerushalmi (1992). Em sua homenagem, escreveu o poeta Jabes: "O infinito é a raiz escondida [...] e tudo aquilo que germina, verdeja e floresce tem por seiva e por sonho o infinito" (Brunel, 1997, p. 740).

Várias passagens fundamentais para a humanidade foram operadas tendo Moisés como vetor, como agente transmissor, um espaço de transcrição transformadora, um intermediário continente entre a palavra de Deus, incompreensível aos homens, e a lei *de* e *para* eles (Dez Mandamentos). Essas conquistas, organizadas, estruturadas e estruturantes, representam um "triunfo da espiritualidade sobre a sensualidade", de acordo com as palavras de Freud (1937, p. 109). Moisés, mescla de insurgente e fiel, alberga e simboliza aquilo que é recebido, mantido, continuado, transformado e multiplicado, geração após geração, representação expandida do que cada homem faz com sua herança, sua origem, sua tradição, sua tragédia.

Freud (1937) fala da tradição que subsistiu ao final de Moisés, que estava exposta "a múltiplas alterações e deformações por ter que transmitir-se de uma geração a outra" (p. 66). Entretanto, "essas tradições, em vez de debilitarem-se com o tempo, passaram a ser cada vez mais poderosas no transcurso dos séculos, [...] e por fim mostraram bastante força para influir de uma maneira decisiva sobre o pensar e o obrar do povo" (p. 67).

Em "Totem e tabu" (1913), Freud nos diz que

> *se os processos psíquicos não continuassem de uma geração à seguinte, se cada um devesse adquirir de novo toda a sua postura frente à vida, não existiria neste âmbito nenhum progresso nem desenvolvimento algum. Neste ponto surgem duas novas questões: conhecer o grau de continuidade psíquica que se pode supor na série das gerações, e os meios e os caminhos de que se vale uma geração para transferir seus estados psíquicos para aquela que lhe segue. (p. 159)*

Mais adiante, que

> *nenhuma geração é capaz de ocultar para a que lhe segue seus processos anímicos de maior substantividade. [...] por este caminho [...] todos os costumes, cerimônias e estatutos que a original relação com o pai primordial havia deixado como sequela permitiram, talvez, que as gerações posteriores recebessem aquela herança dos sentimentos. (p. 160)*

Entretanto, é importante frisar que uma parte da tarefa da transmissão se relaciona com a herança de predisposições psíquicas, enquanto outra parte depende do processamento, da apropriação ativa que o herdeiro pode estabelecer com ela. A propósito dessa questão, Freud (1913) cita Goethe dizendo que o herdado tem que ser feito pelo próprio sujeito.

A transmissão psíquica sobre o eixo das relações das gerações implica a origem do sujeito por mais de um outro e impõe ao herdeiro um duplo trabalho: o de ser para si mesmo seu próprio fim, o trabalho do narcisismo, e o do ser um elo da cadeia geracional a que está submetido, independentemente da sua vontade.

Segundo Kaës (1996), podemos falar de pelo menos dois tipos de transmissão psíquica: *intersubjetiva* e *transpsíquica*. A primeira delas requer um movimento de apropriação do herdado, sendo que nesta incluímos uma transformação exercida pelo próprio sujeito. Transcorre no espaço das relações primárias e é correlativa às relações imaginárias, simbólicas. A sua essência supõe a existência de um *espaço de transcrição transformadora*, o que não ocorre na transmissão transpsíquica, já que, nessa última, os limites e espaços subjetivos estão abolidos a favor das exigências do narcisismo. Nesta última, a transmissão ocorre *através* dos sujeitos (um modelo seria o da transfusão), e não *entre* os sujeitos, como no primeiro tipo de transmissão.

No seio da transmissão transpsíquica, caracterizada pela violência, carente de intermediação, encontram-se aquelas transmissões de objetos não transformáveis, bem como aquelas provenientes daquilo que não adveio, daquilo que é ausência de inscrição, da representação do negativo, da cripta, do fantasma ou do alienado ao próprio sujeito.

Nas identificações narcisistas inconscientes alienantes, o sujeito resulta prisioneiro de uma invasão, intrusão, em seu psiquismo, proveniente da geração anterior, de uma história que pelo menos em parte não é a sua e que implica três gerações (Faimberg, 2000, 2001).

No que se refere às transmissões nas cadeias geracionais, denomino como intergeracional aquelas descritas por Kaës como intersubjetivas, enquanto, no meio *transgeracional*, as transmissões transpsíquicas.

A transmissão intergeracional, exitosa do ponto de vista da expansão do ego, da subjetividade, pode ser exemplificada na manutenção das tradições, em que a apropriação do herdado se acompanha de uma *transformação* em cada geração, sem prejuízo de sua essência, quando o virtual se torna real. Aqui este inevitável amálgama de ruptura e continuidade se faz presente em cada movimento identificatório, em cada pergunta, em cada indagação e questionamento, nos quais, curiosamente, tradição e traição, que têm a mesma raiz latina – *traditione*, "entrega" –, apresentam-se em sua versão magna.

Seria, acaso, Moisés, para a humanidade, aquilo que Eiguer (2001) chamou de "objeto transgeracional"? Para esse autor, trata-se de

> *um ancestral, um avô (antepassado) ou outro parente direto ou colateral de gerações anteriores, que suscita fantasias e provoca identificações em um ou em vários membros da família [...]. Nos estados patológicos, muitos desses objetos são a consequência de uma política de segredo, fielmente guardado, e sua situação no aparelho psíquico é a de representação de coisa ou palavra, assim como também de um vazio de representação, ou protorepresentação de algo incapaz de atingir a posição de palavra e de pensamento. (p. 18)*

Cada família tem uma imagem mítica de uma família ideal, a que ela incorpora a um ou outro ramo da árvore genealógica, talvez aquele

> *que inaugurou a genealogia [...]. No caso funcional "normal", a linhagem propõe o núcleo da pertinência, uma filiação, um sobrenome comum, uma religião comum, uma série de tradições, opções profissionais, às vezes uma linguagem ou um jargão típicos e um conjunto de mitos alegóricos que têm força de coesão. (Eiguer, 2001, p. 19)*

Voltemos, agora, a Moisés, nosso herói. Mas por que herói? Corajoso, forte, majestoso... sofredor! Sim, Moisés foi sofredor, prisioneiro de Deus, que se apropria de seu psiquismo e, mantendo-o cativo de seus mandatos, aliena-o de si mesmo. Deus, vaidoso, ansioso por estabelecer suas leis no mundo dos homens e não podendo ser entendido por eles, utiliza a pessoa e o psiquismo de Moisés para, numa transmissão direta, transpsíquicas, sem transformações, atingir seu objetivo. Moisés, prisioneiro e cativo, eterno estrangeiro de si mesmo, é obrigado a abrigar este mandato e, a seguir, empreende o árduo trabalho psíquico de ruptura desse lugar, quebrando as primeiras Tábuas da Lei. Num ato de traição e ruptura, desobedece a Deus e aos homens, abrindo, assim, espaço para uma transcrição transformadora e libertária. Conquista, a seguir, as novas Tábuas, as definitivas, marca de uma transmissão intersubjetiva da herança divina. Moisés, alvo de uma transmissão transpsíquica/transgeracional, exerceu a função *reverie*, ao mesmo tempo em que passa a ser um mito e inaugura a tradição, e assim possibilita aos homens o espaço de uma transmissão intersubjetiva/intergeracional.

Moisés, por ter sido ele próprio um espaço de transcrição transformadora para a humanidade, tornando-se um mito literário, mereceria uma adaptação especificadora do conceito de Eiguer, e poderia ser chamado "objeto intergeracional". Ele, agente de transformação da palavra bruta de Deus (não acessível aos homens) em palavras escritas nas Tábuas, conquista um novo *status* mental para o povo. Amparado por uma passagem de 40 anos – uma geração – para mediar os efeitos do conhecimento que os homens tiveram daquela primeira relação com Deus, Moisés representa a passagem do não inscrito (coisa) ao simbólico (palavra), inaugurando, assim, a tradição, aquilo que seria, parafraseando Winnicott, a "repetição do já repetido e sempre por se repetir, desde que seja repetidamente transformado". Aos homens – aliados simbolicamente aos Dez Mandamentos, à tradição enquanto metáfora da historicização e pertinência de cada indivíduo no que diz respeito aos seus vínculos, sua história primitiva e seus objetos internos –, Moisés entregou a herança para que cada um deles se apodere, singularmente, do elo entre as gerações. Assim, cada um a sua maneira poderá transitar por diferentes momentos da vida, estabelecendo nessa travessia o que denominei "identificação telescópica entre gerações", ou seja, o movimento psíquico que atravessa várias gerações chegando a lugares muito distantes (*tele*), conservando e modificando a(s) história(s) nessa trajetória. É num particular vínculo com objetos intergeracionais, por meio das identificações telescópicas, que o sujeito, ativamente, encontrará guarida para seu sentimento de pertinência, preenchendo e ampliando a sua identidade (Trachtenberg, 1999).

Nessas passagens particulares, observamos uma expansão do ego em todos os seus espaços psíquicos, expansão e história que não se fecham: Moisés não entrou na Terra Prometida, porém, olhou-a à grande distância, telescopicamente, mirando ao infinito. E assim são os últimos versículos da Torá (Deuteronômio, 34:11 e 12):

> 10 *e nunca mais se levantou em Israel profeta como Moisés, a quem o Senhor conhecesse face a face; [...]*
> 12 *e em tudo o que Moisés operou com mão forte, e com grau de espanto, aos olhos de todo o Israel.*

Referências

Alter, R.; & Kermode, F. (1997). *Guia literário da Bíblia*. Unesp.

Brunel, P. (org.) (1997). *Dicionário de mitos literários*. José Olympio.

Comay, J. (1998). *Quem é quem no Antigo Testamento*. Imago.

Eiguer, A. (2001). O papel do antepassado. *Psicanálise – Revista da Sociedade Brasileira de Psicanálise de Porto Alegre*, *3*(1), 17-33.

Faimberg, H. (2000). Entrevista. *Psicanálise – Revista da Sociedade Brasileira de Psicanálise de Porto Alegre*, 2(1), 249-266.

Faimberg, H. (2001). *Gerações: mal-entendido e verdades históricas*. Criação Humana.

Freud, S. (1976). Totem y tabu. In *Obras completas* (Vol. 13). Amorrortu.

Freud, S. (1976). Moisés y la religión monoteísta. In *Obras completas* (Vol.13). Amorrortu.

Kaës, R., Faimberg, H., Enríquez, M., & Baranes, J.-J. (1996). *Transmisión de la vida psíquica entre generaciones*. Amorrortu.

Trachtenberg, A. R. C. (1999). Bar-Mitzvá: um ritual de passagem. *Psicanálise – Revista da Sociedade Brasileira de Psicanálise de Porto Alegre*, *1*(1), 33-49.

Trachtenberg, A. R. C. (2002). Moisés: um espaço de transcrição transformadora. In L. Masina & V. Cardoni (org.). *Literatura comparada e psicanálise: interdisciplinaridade, interdiscursividade*. Sagra Luzzatto.

Yerushalmi, Y. H. (1992). *O Moisés de Freud: judaísmo terminável e interminável*. Imago.

14. Bar-mitzvá: um ritual de passagem estruturante da identidade judaica[1]

Por isso, naturalmente é indispensável ver o
mais claro possível em si mesmo, iluminar
os recônditos mais ocultos do seu ser!
Ter a imagem de sua própria natureza. Não se
permitir desgarrar. Sim, eis o que deveria ser
a prece diária de cada homem honesto:
Que eu permaneça fiel a mim mesmo.
(Arthur Schnitzler, citado por Chemouni, 1992)

1 Publicado originalmente em *Psicanálise – Revista da Sociedade Brasileira de Psicanálise de Porto Alegre*, *1*(1), 1999.

Sobre a identidade, as migrações e os rituais de passagem

Meus pais eram judeus, e eu continuei sendo.

(Freud, 1925)

A formação da identidade é um interminável processo que acompanha o sujeito ao longo de sua vida; seus começos se dão na primeiríssima infância e se manifestam com mais agudeza em momentos críticos da vida de todo ser humano. Naturalmente, há momentos essencialmente fundantes e estruturantes da identidade, especialmente os da infância e da adolescência. A formação da identidade é um trabalho psíquico que surge da assimilação exitosa das identificações, da seleção (por meio de processos inconscientes) dos modelos identificatórios significativos para o sujeito e da ressíntese ao final da adolescência. Assim, implica, no momento mesmo desse ato identificatório, uma modificação da estrutura básica da personalidade. As identificações se traduzem na conduta do sujeito e tendem a aumentar a semelhança entre sujeito e modelo.

Muitos autores escreveram sobre identidade, mas gostaria de destacar os psicanalistas León e Rebeca Grinberg (1971), que tantas contribuições trouxeram ao tema. Dizem esses autores:

> *Assumir em forma madura uma identidade, baseada numa ideologia progressiva que tende ao conhecimento e permite a mudança, pressupõe um luto porque implica a ruptura de estruturas estabelecidas e identidades prévias, para logo reintegrar-se de uma maneira diferente. Constitui um verdadeiro processo revolucionário interno porque o indivíduo tem que passar pela experiência caótica de períodos, ainda que transitórios, de desorganização e*

dissolução de sistemas psíquicos, valores estabelecidos e vínculos objetais, para integrar-se numa reorganização que o leva a configurar uma nova identidade. Cremos que tais experiências são verdadeiros momentos criativos, que resgatam o autêntico de cada um e enriquecem a condição de ser "si mesmo" para si e para os demais. (p. 153)

Naquelas situações vitais nas quais há um predomínio do encontro de bons modelos e boa capacidade interna do sujeito para utilizá-los, há também o predomínio de identificações positivas do ponto de vista ético, moral e social. Essa confluência torna-se possível em personalidades mais integradas, com maior capacidade e plasticidade para administrar os vários períodos de revolução, crise ou migrações da vida. Refiro-me a migrações no sentido evolutivo, tal como foi descrito pelo casal Grinberg (1984): "A modo de metáfora, poderíamos dizer que o desenvolvimento mesmo da vida do ser humano pode ser visto como uma sucessão de 'migrações' mediante as quais ele vai se afastando progressivamente dos seus principais objetos" (p. 226).

O nascimento é a primeira grande migração de todo ser humano, ao ter que abandonar o corpo materno. A este primeiro ato de separação e migração seguem-se outros, com a deambulação, o desmame, a crise edípica, a escolaridade, a adolescência, a crise média da vida, a velhice etc. Cada passo poderá ser efetivado se o indivíduo for capaz de fazer adequadamente o luto por cada situação ou relação anterior abandonada ou perdida, o que implica manter dentro de si aquilo que ficou para trás, sem recorrer a mecanismos de dissociação entre o passado e o presente/futuro, desvalorizando e desabonando o lugar anterior, ao mesmo tempo que idealizando a nova situação. Em todas as migrações, tanto evolutivas quanto geográficas ou religiosas, essa assertiva se mantém verdadeira. Toda crise/migração implica uma ideia de ruptura, perigo e, portanto, angústia.

Seguramente, nesses momentos de crises, lutos, migrações, mudanças – momentos estes destinados a desacomodar e reacomodar as identificações prévias em conjunto com as novas, e dar um novo matiz à identidade –, alguns pilares da estrutura adquirem maior significado. Aqueles pilares mais sólidos sofrem menos abalos, e na contabilidade do perder e do ganhar, decantam-se as identificações de maior transcendência, assim como a luta e a conquista pela sua manifestação demarcam um futuro mais integrado e criativo. Esses momentos de mudança são potencialmente desestruturantes, e o desenlace poderá ser exitoso ou catastrófico. É na adolescência que essa "migração" é mais ruidosa, o que faz com que esta etapa seja marcada pelo conflito. É neste período da vida que se faz mais notória a busca exogâmica, o afastamento dos pais da infância e a perda do corpo infantil. Enfim, uma turbulência de perdas e medos, período no qual o sentimento de identidade será conquistado "migrando" para grupos de pertencimento mais próprios, com novas e distantes figuras substitutas dos pais, no caminho do novo mundo dos adultos e da maturidade.

A desafiadora travessia que significa migrar de um local seguro, conhecido, para outro potencialmente perigoso, novo e desconhecido, acarreta um profundo sentimento de desamparo e exerce uma função desestabilizadora do sentimento de identidade, já citado anteriormente. Mesmo assim, o migrante bebê, infante, adolescente etc. se vê compelido a dirigir-se ao desconhecido, a desbravar novos territórios, transformando essa migração em busca, impulsado pela curiosidade, sadia característica do ser humano. Por isso mesmo, nem toda migração/busca é ameaçadora ou desestabilizadora do sentimento de identidade. Em alguns momentos evolutivos do ser humano, o desejo de estabelecer ou aprofundar um contato com origens, tradições, raízes da identidade ou lugares geográficos dos antepassados manifesta a existência de um potencial de reforçar as identificações positivas, assim como traduz (ou traz) um afiançamento na autoestima e no sentimento de identidade.

Trata-se, aparentemente, de um movimento em sentido contrário, ou seja, do presente ao passado, contrariando o pulsionar da evolução. Porém, esta tão particular migração, com a volta ao passado e ao futuro simultaneamente, explicita a necessidade de alimentação e sedimentação naquilo que implica a base da identidade. Esse movimento é simultaneamente retrospectivo, introspectivo e prospectivo; ele é reparador, conservador e inovador, sugerindo uma ocasião singular, particular na vida de cada indivíduo. Esses movimentos são observados nos processos analíticos, por meio das "viagens", indagações e investigações dos pacientes a respeito de seu próprio passado; em forma similar, alguns rituais de passagem (bar-mitzvá, por exemplo) proporcionam esta emocionante experiência que leva o indivíduo "de volta para o futuro". Com o significado emocional decorrente desses "rituais de passagem", cria-se na mente do sujeito um espaço virtual de navegação de pensamentos, fabulações, jogos, ensaios, indagações, perguntas com respostas, perguntas sem respostas, ansiedades, confortos, desconfortos, tormentas, calmarias, abalos sísmicos, furacões, contatos, ausências, palavras, imagens, sensações, emoções... Esse espaço virtual, tão rico e polifacético, modelizado na nave mãe das primeiras relações objetais, das primeiras experiências infantis e da adolescência, navega sem muitos sobressaltos quando predominam as vivências de cunho positivo. Essa nave virtual migratória/espaço transicional leva muitos passageiros para os mais diversos destinos, parando em inúmeras estações, num movimento pessoal, familiar e social. É um álbum de fotos que ganha movimento, cor e vida. A resultante dessa profunda e inigualável experiência emocional é, por vezes, parcialmente traduzível para as palavras; em outras tantas, nem sequer esse resultado pode ser percebido. A carga afetiva é inevitavelmente intensa e muitas vezes não contempla espaço para o pensamento num curto período. Trata-se de "pura emoção", que requer profundas elaborações até que seja encontrado um novo lugar, um território, um continente dentro do indivíduo com pensamentos, palavras e outras indagações.

Psicanálise: a Terra Prometida

> *[...] eu não sou realmente um homem de ciência, um observador, um experimentador, um pensador. Por temperamento, sou apenas um conquistador — um aventureiro, se preferires este termo — com toda a curiosidade, a audácia e a tenacidade que caracterizam um homem deste tipo.*
>
> (Freud, "Fragmentos de la correspondencia con Fliess")

Sigmund Freud foi contemporâneo de Theodor Herzl, o pai do sionismo, aquele que sonhou reunir todos os judeus num mesmo espaço geográfico, interpretando o desejo de séculos de peregrinações e dispersões de seu povo. Herzl ousou modelizar um continente, formar uma unidade de conjunto, transformar um desejo, um sonho, um espaço desconhecido numa realidade.

Alguns autores, como Lydia Flem (1994), entendem que há um forte paralelo entre o sionismo e a psicanálise, embora tenham a clareza de que Freud não era sionista. Diz-nos a autora:

> *Theodor Herzl e Sigmund Freud, cada um à sua maneira, imaginam uma resposta para essa crise da identidade*

> *judaica. E essa resposta, para cada um deles, apresenta-se sob a forma de uma abordagem geográfica [...]. A hipótese psicanalítica de Freud também é elaborada sob a forma de uma teoria espacial: em cada um de nós existe um alhures, uma outra província, um outro reino: o inconsciente. O aparelho psíquico é um espaço, uma tópica. Freud e Herzl propõem aos seus contemporâneos um sonho de espaço e de conquista. Herzl sugere a criação de um Estado dos judeus. Para ele, é necessário dar ao povo judeu "a soberania de um pedaço da superfície terrestre". Freud formula a hipótese de uma terra prometida interior, a existência de uma terra de asilo que cada um contém em si mesmo. Duas soluções espaciais diferentes, até mesmo opostas, mas de uma certa maneira simétricas. Onde Herzl encoraja a partida, a emigração, Freud opta por uma imigração ainda mais profunda. A um alhures exterior e longínquo, Freud prefere uma viagem interior, um retorno sobre as origens da própria pessoa. Onde Herzl quer uma resposta política e coletiva, Freud prende-se à realidade individual e psíquica. [...] Apesar de tudo o que os diferencia, para dar aos judeus um país ou para restituir ao homem o inconsciente, Sigmund Freud e Theodor Herzl recorrem ambos ao poder do sonho. Se, para Freud, "a interpretação dos sonhos é a via régia que leva ao conhecimento do inconsciente na vida psíquica", para Herzl, o sonho conduz a Sion. (p. 104)*

A obra de Freud representa a sua Terra Prometida, o seu desejo por viajar/migrar por novos mundos, desvendando mistérios, mantendo o pensamento aberto e nutrindo a paixão judaica de preencher as ausências. Penso que Freud chegou a seu destino após longa e sofrida jornada, na qual a relação com seu pai, com seu judaísmo e com o judaísmo de seu pai expressam uma marcada conflitiva de identidade. Tardiamente em sua vida (na crise da idade média), mas segura e felizmente a tempo para a humanidade, Freud buscou o passaporte (ritual de passagem/bar-mitzvá/Bíblia) que seu pai guardara com cuidado por muitos anos, habilitando-o, finalmente, a transformar-se, a migrar da condição de "experimentador" para a de "aventureiro, conquistador", pai da psicanálise.

Bar-Mitzvá: um ritual de passagem

Bar-mitzvá, que em hebraico quer dizer "filho do mandamento", é uma cerimônia religiosa tradicional e cara ao judaísmo, que acontece aos 13 anos do varão. Nessa cerimônia, o menino realiza a confirmação do seu *Brit Milá* ("circuncisão", pacto com Deus), realizada oito dias após seu nascimento. A cerimônia de bar-mitzvá não é obrigatória; o menino a realiza após um longo período de estudo e preparação e, logo após esse ritual, estará apto, de acordo com os preceitos do judaísmo, a ingressar no mundo adulto, devendo obedecer aos mandamentos.

O menino celebra seu bar-mitzvá ao ser chamado para fazer *Aliá*[2] ("subir", em hebraico) na *bimá* (plataforma da sinagoga, separada de seu piso por degraus), para ler os rolos da Torá (guardados na Arca Sagrada, *Aron Hakodesh*); veste o *kipá* (solidéu, cobertura da cabeça) e o *talit*[3] (um xale de orações, em hebraico significa "manto") durante

2 *Aliá* também tem o significado de visitar ou emigrar para Israel ("subida para a terra de Israel").

3 Diz-se que um judeu envolto em seu *talit* é como um anjo do Senhor dos Exércitos.

as orações. O pai do menino faz uma prece agradecendo a Deus por ter-se liberado da responsabilidade pelos atos de seu filho perante a religião e em comemoração a esse momento. O bar-mitzvá demarca uma nítida separação entre dois mundos: o infantil e o adulto; é o passaporte que contém o visto de entrada do menino judeu a um novo território, aquele dos direitos e dos deveres do homem. Os símbolos dessa viagem estão representados por uma subida a uma plataforma elevada, onde se descortina a Arca que, junto com a Torá, representam também a Terra de Israel, a Terra Prometida.

O bar-mitzvá insere-se dentro dos rituais de passagem promotores de marcadas consequências na vida psíquica, social, familiar e cultural. Observamos um novo e significativo movimento estruturante da identidade do adolescente. Nesse período, o menino tem a oportunidade de organizar dentro de si as despedidas do mundo infantil, processando microlutos particulares, numa árdua revisão de seus objetos internos, modelos, identificações e projetos para o futuro.

A leitura da Torá corresponde a um privilégio, um rito de iniciação conduzido pela mão de seu pai e pela cultura por ele representada. Trata-se de um resultado significativo o fato de que essa passagem seja atravessada não só por elementos rituais, religiosos, mas efetivamente pelo estudo da lei bíblica, tão valorizada e infatigavelmente cuidada pelos judeus ao longo de séculos e séculos de dispersão e ataques aos templos e à Torá.

Para o menino bar-mitzvando, a lei bíblica em si mesma e a representação da lei do pai se instalam para reger a vida do flamante adulto. No mundo interno do "filho do mandamento", desta lei paterna, ficam determinados e marcados os limites, por exemplo, da revisão edípica da adolescência. Por meio da lei e da cultura, encaminha-se simbolicamente a derradeira renúncia à mãe edípica, em favor e em amor ao pai. Configura-se, assim, o ingresso ao mundo adulto no qual a proibição ao incesto está nitidamente marcada.

A competição e o desejo de superar o pai abrem espaço para a sublimação, com mecanismos mais evoluídos, e a avidez por ultrapassar os limites paternos pode transmutar-se em avidez por conhecimento. A condução e a permissão, a autorização paterna, o ingresso ao estudo, a leitura e o conhecimento da Torá deixam uma impronta facilitadora de uma ação convergente à penetração, que se faz imprescindível à obtenção do conhecimento. Estabelecida a lei da proibição do incesto, em simultaneidade com o estabelecimento da permissão para o descortinamento da Torá, fica abençoada a trajetória exploratória do corpo simbólico da mãe, no pleno exercício da curiosidade.

Ao mesmo tempo, por meio desse ritual, cumpre-se o mandamento bíblico *Zakhor* ("lembrar", em hebraico), transformando o bar-mitzvá não somente num ritual de passagem e de iniciação, mas também num ritual da lembrança; lembrança da história, dos antepassados, da lei, dos mandamentos. Destino e destinatário de uma mesma história, personagem e protagonista, o menino bar-mitzvando atravessa e se constitui no elo entre a sua própria infância/passado e sua maturidade/futuro, dando continuidade aos seus antepassados e estabelecendo uma saudável ligação – legitimada e abençoada pelo seu pai e pelo pai de seu pai – entre passado, presente e futuro.

Ao redor dessa ocasião, condensam-se muitas vivências: configura-se como uma experiência de profundo contato emocional com os modelos identificatórios do menino, desde seus pais, avós, bisavós, e com a sua cultura, suas raízes. Esse momento ímpar, comocional e transformacional, particular e solene, é a realização do reconhecimento do menino perante si mesmo e perante os demais (trata-se de um ritual público/privado) de que aqueles modelos identificatórios que lhe foram e lhe são oferecidos em toda a cadeia generacional são bons e merecem ser mantidos, conservados, lembrados e perpetuados. O menino se inscreve como um elo entre as gerações, passa a interagir com a sua cultura. O bar-mitzvá é como um atestado da qualidade da relação com os pais, validando e reforçando os aspectos positivos do vínculo, acarretando um reforço de autoestima em todas as partes envolvidas: nos pais e avós, o orgulho e a emoção pelo reconhecimento de terem sido capazes de criar um filho que opta, identifica-se e aceita, com confiança, a mesma inserção cultural, étnica, religiosa. Esse mesmo orgulho parental é um ponto de reforço na autoestima do varão bar-mitzvando, pois a conscientização de haver produzido essa admirável reação nos pais é uma semente de tranquilidade, bem-estar e confiança no futuro. Amparado neste sentimento e na Lei (Torá), o mundo interno do adolescente se vê fortificado para enfrentar o desafio da travessia ao assustador mundo adulto. Trata-se de um ponto de ancoragem para poder soltar as amarras e trilhar a viagem ao temível mundo novo com esperança, confiante e sabedor do inestimável valor de sua bagagem de identificações positivas: como os imigrantes, no navio rumo ao futuro desconhecido e depositário de esperanças; como um analisando que bravamente enfrenta a viagem/análise rumo ao desconhecido inconsciente, em busca de recuperar modelos. Assim, passa a enfrentar as dificuldades/ansiedades do mundo novo, adulto, com conhecimento dos pontos cardeais e do mapa dos portos seguros nos pais, avós, bisavós e em toda a linha generacional. Também pode dar continuidade, dar vida ao passado, dar alegria ao presente e passado ao futuro – estas são palavras que podem tentar expressar a transcendência emocional do bar-mitzvá.

Chemouni (1992) nos diz:

> *Assim, a judeidade não se mede por um conteúdo específico [...], mas se realiza através de um trabalho que chamaremos de "apropriação" [...], trabalho psíquico ao*

> *termo do qual o recebido é experimentado e torna-se, conforme a necessidade da vivência pessoal, adquirido. (pp. 62-63)*

O misterioso bar-mitzvá de Freud

> *[...] me movia uma espécie de apetite de saber, dirigido mais à condição humana que aos objetos naturais; [...] Meu precoce aprofundamento na história bíblica, quando apenas havia aprendido a ler, teve, como percebi muito depois, um efeito duradouro sobre a orientação do meu interesse.*
>
> (Freud, 1925)

O reconhecimento de Freud a respeito da influência da Bíblia sobre si mesmo, refere-se à Bíblia de Philippson, original criação do século XIX, obra bilíngue (hebraico e alemão), com tradução do rabino Ludwig Philippson e seu irmão Phöbus, doutor em Medicina. Esta especial Bíblia de Philippson, a Bíblia da família de Jakob Freud (pai de Sigmund), foi das primeiras leituras de Freud, que, aos sete anos, apenas havia aprendido a ler. Conduzido pela mão do pai nessa jornada, o menino ficou fascinado com a Bíblia e com suas suntuosas gravuras: vistas de Israel, do Egito, de Roma, da Pérsia, da Grécia, com guerreiros em armas, templos, animais, plantas, ruínas etc. Todo um mundo de sonho e viagem. Para Anna Freud, "a história bíblica", no dizer de Freud, seria na verdade a história de seus antepassados.

No livro *Freud, leitor da Bíblia* (Pfrimmer, 1994), o autor nos revela um pouco mais da trama Bíblia/antepassados:

> *A história dos antepassados. Não haverá aí com que matar a sede de conhecimento que se voltava mais para as relações humanas do que para os objetos da natureza, segundo os próprios termos de Freud? Se o fiel lê talvez esta história essencialmente para nela descobrir a revelação, nem por isto é menos verdade que ela é rica nas relações humanas que descreve. O texto bíblico apresenta a história dos antepassados de modo vivo e realista. Philippson se apaixona por estes personagens, esboça-lhes os caracteres, muitas vezes com fineza e complexidade, completando os dados do texto bíblico com o concurso da tradição. Como jovem leitor, e com a mediação da Bíblia de Philippson, Freud pôde assim se familiarizar muito cedo com certas interpretações talmúdicas, que tornam ainda mais atraente a história dos antepassados. (p. 16)*

Como discorremos no Capítulo 12, Jakob Freud introduzir seu filho Sigmund na leitura do Livro dos Livros foi responsável por exercer várias funções em sua vida, simultaneamente, como cumprir o dever de um pai judeu, abrir passo a seu filho para o caminho da cultura ocidental e, especialmente, encantar o menino por sua cultura bíblica e dedicação. Isso trouxe estímulo para que o jovem Freud pudesse "viajar", imaginar, criar e recriar a respeito de seus antepassados, sua história, outros lugares e outros mundos. A atitude de Jakob fê-lo tornar-se, assim, uma âncora identificatória fundamental para o apetite de saber daquele que seria o pai da psicanálise.

É também nessa Bíblia que Jakob registra dois relevantes acontecimentos, escrevendo em hebraico, numa 6ª feira, 4 da tarde, 6 de Adar de 5616, ou seja, 21 de fevereiro de 1856: "Meu pai, o falecido rabino Schlomo, filho do rabino Ephraim Freud, entrou em sua morada celeste". Algumas semanas depois, voltou a escrever, no primeiro dia do mês de Iar de 5616, ou seja, 6 de maio de 1856, às 6 e meia da tarde: "Nasceu o meu filho Schlomo Sigismund". Jakob designa o recém-nascido com o nome de seu pai, como manda a tradição judaica, e com o desejo de que este primogênito de seu terceiro casamento ilustre novamente o patronímico familiar, seguindo aos rabinos, avô e bisavô, eruditos e letrados.

Vemos que há um reconhecimento, da parte de Freud, de suas influências bíblicas. Entretanto, há contradição entre os estudiosos do judaísmo de Freud a respeito de seu conhecimento do idioma hebraico, bem como uma ausência total de referências à cerimônia de bar-mitzvá. Há dois fatos concernentes aos 13 anos de Freud: sua revelação de que, nessa idade, recebeu como presente de seu pai a obra do escritor Ludwig Börne (codinome do judeu Loeb Baruch), sendo este o único livro conservado de sua juventude (Freud, 1920); e a informação que Ostow (1989) nos traz de que, aos 13 anos, Freud trocou o nome que recebeu ao nascer em homenagem ao seu avô paterno recém-falecido, rabino Schlomo/Sigismund, e passou a chamar-se Sigmund, mais germânico, portanto.

Entretanto, é intrigante que Jakob Freud, filho e neto de rabinos, que circuncidou seu filho, que o iniciou no estudo da Torá e que respeitava as grandes festas do calendário judaico, não o tenha conduzido a esse ritual de passagem, ainda que tenha vivido um judaísmo reformista.

Como vimos no Capítulo 12, poucos anos antes de morrer (Jakob Freud morreu em 23 de outubro de 1896), quando Freud completou 35 anos, em 1891, o pai lhe presenteou com o livro da família, a Bíblia de Philippson. Jakob mandou fazer uma nova encadernação e escreveu uma dedicatória[4] em hebraico, seguindo a *Melitzá*, que é um mosaico de fragmentos e expressões da Bíblia hebraica, bem como da literatura rabínica ou da liturgia (no caso, o Talmud), reunidos para formar uma nova manifestação que o autor pretende exprimir no momento.

Além da bela, emocionante e significativa dedicatória, encontramos outra situação, igualmente frequente nas biografias de Freud, relacionada a seu pai Jakob. Freud a descreve em 1900, no livro *A interpretação dos sonhos*, como uma associação a um de seu sonhos (sonho do tio de barba amarela), o gorro de pele do pai:

> *E agora chego enfim à experiência da infância que ainda hoje manifesta seu poder nestes sentimentos e sonhos. Eu teria dez ou doze anos quando meu pai começou a me levar para seus passeios e a se abrir comigo quanto a suas concepções a respeito das coisas deste mundo. Foi assim que uma vez, a fim de me mostrar como o meu tempo era melhor que o dele, contou-me: quando eu era rapaz, estava passeando num sábado, na rua de tua cidade natal, bem vestido, com um gorro de pele novinho na cabeça. Eis que de repente aparece um cristão, e de um golpe me atira o gorro na lama (Kot = também merda) e grita: "Judeu, desce da calçada!" "E o que foi que você fez?" "Eu desci até a rua e peguei meu gorro", assim foi a resposta resignada. Isso não me pareceu heróico vindo do homem alto e forte que me levava pela mão, a mim, o pequeno. A essa situação, que não me agradava, opus*

4 Ver reprodução completa da dedicatória no Capítulo 12 "As fontes judaicas da psicanálise".

> *então uma outra, que correspondia melhor a meus sentimentos: a cena onde o pai de Aníbal, Amílcar Barkas, faz o filho jurar diante do altar familiar que se vingará dos romanos. Desde então, Aníbal passou a ocupar um grande espaço em minhas fantasias. Acredito que este fervor pelo general cartaginês pode ser perseguido mais atrás em minha infância, de modo que também neste caso não se trataria senão da transferência a outro, portador de uma relação de afeto já constituída. (p. 211)*

A dedicatória de Jakob a Sigmund aparece em inúmeros trabalhos dedicados à judeidade de Freud; em 1989, apareceu, no *International Journal*, o precursor trabalho de M. Ostow, dedicado exclusivamente a ela. Há um denominador comum no entendimento de seu significado: a relação conflitiva entre Freud e seu pai. A cena do gorro de pele é igualmente citada por muitos autores, sendo avaliada desde os mais diversos ângulos.

Gostaria de enlaçar a dedicatória e a cena do gorro, entendendo-as como uma fantasia única, um sonho, ou uma recordação encobridora, por meio do(s) qual(is) possamos levantar hipóteses a respeito da transcendência de um ritual de passagem, neste caso, o bar-mitzvá, como fazendo parte de um processo único que se movimenta no tempo, no tempo de Freud, e me proponho a relacionar esta unidade com o misterioso bar-mitzvá de Sigmund.

Na cena do "gorro de pele" – *kipá*, solidéu, símbolo dos judeus –, Sigmund contava com 10 ou 12 anos, e é viável pensar que pai e filho se preparavam para a cerimônia de confirmação, caminhavam, passeavam nessa direção, dando continuidade àquela iniciação à leitura da Bíblia aos sete anos. Pelo menos, essa é a lembrança de Freud referente à ocasião na qual ele estaria sendo convidado a subir na Bima, conduzido por seu pai, usando gorro e roupa novos. Esse ritual representaria o ingresso de Sigmund na comunidade dos adultos, ao mesmo tempo que confirmaria sua intenção de apropriar-se da judeidade de seu pai, tornando-se mais um elo entre as gerações leitoras da Bíblia. Na "cena do gorro", ao contrário, Freud faz um ataque a seu pai, desqualificando-o e degradando seus símbolos judaicos, sujando-o e ordenando que descesse da calçada. Freud cobre seu pai e sua Bíblia com a lama da rua, identificando-se com o cristão agressor e com o idealizado Aníbal. Lembremos-nos de que, aos 13 anos, Freud mudou seu nome para uma versão mais ocidental.

Se voltarmos à dedicatória de Jakob, tão belamente escrita, veremos inúmeros elementos de reconciliação e aproximação entre pai e filho. Não há recriminações ou acusações, mais parece um renomado convite (é a segunda vez que Jakob presenteia seu filho com a Bíblia) a um daqueles passeios de sábado referidos na "cena do gorro". O pai agora estava recuperado, restaurado, reparado: havia estado "guardado como os fragmentos das Tábuas em uma arca comigo" (linhas 9 e 10) e aparece com "uma capa de pele nova" (linha 12). Pai e filho aparecem em condições, agora sim, de realizar, simbólica e libertariamente, o ritual de passagem que Sigmund negou em sua adolescência. A Torá poderá, então, ser retirada da arca (linhas 9 e 10) e, vestindo a *kipá* e o *talit* ("uma capa de pele nova"), Freud aceita subir na Bima, ser abençoado e protegido por seu pai.

Na Europa do século XX, a idade de 35 anos marcava a derradeira chegada do homem à maturidade. Nessa idade (linha 11), Freud reconcilia-se com seu pai por meio da judeidade dele, e alivia-se de suas culpas infantis, adquirindo condições de apropriar-se dessa herança valiosa e, assim, ganhar o passaporte que o habilita para o mundo dos adultos, da aventura, da viagem, do conhecimento, da descoberta, da passagem à terra estrangeira do inconsciente. Ao mesmo tempo, Sigmund vê-se intensamente estimulado por Jakob, que reafirma seu amor e admiração ao filho, entendendo-o capaz de ver irromper "para ti as fontes da compreensão, do conhecimento e da sabedoria" (linha 4).

A unidade formada pela cena do gorro/dedicatória se presta, seguramente, a muitos e fascinantes desdobramentos. Neste texto, tentei apenas pontualizar o reencontro exitoso e criativo entre esses dois homens, após uma tumultuada travessia. Na dedicatória, Jakob comemora o aniversário, o renascimento e a reaproximação com seu filho.

Jakob escreveu essa dedicatória em 1891 e, cinco anos depois, veio a falecer, contando Sigmund com 40 anos naquela ocasião (1896). Muito pouco tempo depois, observamos o ponto de virada no pensamento freudiano: em 1897, na famosa carta 69 de sua correspondência a Fliess, Freud (1950[1892-99]) testemunha sua renúncia à teoria da sedução e ingressa no terreno da fantasia; um mês depois (carta 71), faz a sua primeira interpretação da tragédia de Édipo Rei. Fica, dessa maneira, verdadeiramente comemorado o nascimento da psicanálise. Liberto, Freud faz a sua passagem à Terra Prometida, o inconsciente. Pleno, migra da sedução para a fantasia, do sonho para o Livro dos Sonhos, do Livro dos Livros para a psicanálise.

Referências

Chemouni, J. (1992). *Freud e o sionismo: terra psicanalítica, terra prometida*. Imago.

Flem, L. (1994). *O homem Freud*. Campus.

Freud, S. (1976). La interpretación de los sueños. In *Obras completas* (Vol. 4). Amorrortu.

Freud, S. (1976). Para la prehistoria de la técnica analítica. In *Obras completas* (Vol. 18). Amorrortu.

Freud, S. (1976). Presentación autobiográfica. In *Obras completas* (Vol. 20). Amorrortu.

Freud, S. (1976). Fragmentos de la correspondencia con Fliess (1892-1899). In *Obras completas* (Vol. 1). Amorrortu.

Grinberg, L. & Grinberg, R. (1971). *Identidad y cambio*. Kargieman.

Grinberg, L. & Grinberg, R. (1984). *Psicoanálisis de la migración y del exilio*. Alianza Editorial.

Ostow, M. (1989). Sigmund and Jakob Freud and the Philippson Bible (with an analysis of the Birthday Inscription). *International Review of Psychoanalisis*, *16*, 483-492.

Pfrimmer, T. (1994). *Freud, leitor da Bíblia*. Imago.

Yerushalmi, Y. H. (1982) *Zahhor: história judaica e memória judaica*. Imago.

15. Transgeracionalidade e escravidão no Brasil: algumas perguntas – ubuntu[1]

Eu sou estrangeiro de mim mesmo
Eu me desconheço. Sou mesmo um estrangeiro de mim. Quem diria, sou feito de meus ódios. E quero e não quero, tudo ao mesmo tempo, reconhecê-los.

1 *Ubuntu:* na língua portuguesa existe a palavra *saudade*, cuja tradução para outras línguas se torna muito complexa; nos países africanos existe a palavra *ubuntu*, que possui diversos significados humanísticos, porém, dois deles são os mais citados nos mecanismos de pesquisa, quais sejam: "humanidade para os outros" ou "sou o que sou pelo que nós somos". É uma palavra paroxítona, que se pronuncia uBUNtu (de forma figurada, seria algo assim: ubúntu). *Ubuntu* é uma antiga palavra africana e tem origem na língua Zulu (pertencente ao grupo linguístico bantu) e significa que "uma pessoa é uma pessoa através (por meio) de outras pessoas". No contexto africano, isso sugere que o indivíduo se caracteriza pela humanidade com seus semelhantes e por meio da veneração aos seus ancestrais. Assim, aqueles que compartilham do princípio do ubuntu no decorrer de suas vidas continuarão em união com os vivos após a sua morte (Mundo Ubuntu, 2012). Versão ampliada do trabalho apresentado no 32º Congresso 2018, Lima/Peru (Des-Construções e Transformações). Painel: Migraciones, Nuestra Herencia Esclavista y la Transgeneracionalidad. Publicado em Psicanálise – *Revista da Sociedade Brasileira de Psicanálise*, 23(1), pp. 40-49, 2001.

Sou um mestiço. Quantas almas, quantas raças
habitam o meu corpo, a minha mente. Me diga o
que não quero saber, o que faço força, empurro a
porta para não ver. Nem hoje, nem amanhã.
Mas, o que fazer se minha pele me denuncia,
meu cabelo encarapinha, minha boca é grande?
Como lutar contra isso? Como lutar contra meu
olho azul, minha pele vermelha no sol? Meu
gosto de sal, de água salgada, ainda na boca,
nos porões do navio que cruzou os mares.
Um mundo melhor? Atravessei meio mundo para
dizer que o que me habita não sou eu? Pra lutar
como se tivesse uma fera dentro de mim?
Oh! Que olhar tão cândido que me
engana... Me engana? Te engana?
Que luta! Tem ganhador? Me
desconheço um pouco menos.

Quando será que se iniciou, sendo psicanalista, meu interesse pelo tema da escravidão dos negros no Brasil? Talvez eu tenha que ir lá nas minhas vivências infantis, na minha origem, na história da minha família, passar pela adolescência e pelo convívio com colegas e familiares. Vamos lá, então: nasci e me criei em Porto Alegre, no Sul do Brasil. Sou filha de refugiados judeus poloneses e pobres, que se aventuraram para um lugar completamente desconhecido, entre as duas guerras mundiais, para salvar a pele do antissemitismo e do nazismo da Europa. Os familiares que lá permaneceram foram dizimados. Sou a primeira geração no Brasil e descendente "indireta" de sobreviventes da *Shoah*/Holocausto. Ainda não há, na literatura, uma designação mais precisa para essa condição.

Agora, retorno ao bairro onde cresci, conhecido como Colônia Africana, um bairro de negros e de judeus pobres. Minha cidade tem colinas; no alto, situam-se zonas abastadas. Meu bairro: rua Esperança (uma descida) e rua Liberdade (lá em baixo). Ao que parece, os escravos fugiam da casa grande pela rua que, em algum momento dessa história, chamou-se Esperança (hoje tem outro nome) e se refugiavam na rua Liberdade e adjacências. Havia clubes negros no bairro, bem como sinagogas. Meus vizinhos, descendentes de povos escravizados, e nós respirávamos esse clima. Porém, nunca escutei de nenhum deles qualquer referência de que eram descendentes de escravizados. Uma ruptura traumática? Um temor? Uma defesa? Uma ausência de história escrita? Dói muito, muito, excessivamente muito, o que fez com que ficasse perdido do outro lado do oceano...

Bem, tornei-me psicanalista e meu interesse pelo tema da transmissão psíquica entre gerações foi crescente nos últimos anos. Fui entendendo que tinha relação com minha história e, especialmente, com minha pré-história. Talvez um desejo de ir colocando palavras no silêncio que também rondava minha família. Não se falava das perdas trágicas da *Shoah*.

Como apontamos no Capítulo 1, psicanalistas do mundo todo, após o final da Segunda Guerra Mundial, começaram a receber os sobreviventes e/ou os descendentes do Holocausto judeu em seus consultórios, passando a observar fenômenos clínicos que guardavam alguma relação com aquela situação traumática do passado. Nos anos 1960, foi descrita a síndrome do sobrevivente do Holocausto, caracterizada especialmente pela culpa por sua sobrevivência enquanto familiares haviam sido dizimados pelo nazismo. Na década seguinte, as investigações recaíram sobre a segunda geração, e, nos anos 1980 e 1990, o foco se abriu para a terceira geração. O denominador comum é o aparecimento de sinais relacionados aos traumas vividos pelos antepassados, e não pelo próprio sujeito. Ou seja, há uma forte presença da *pré-história* do sujeito na constituição de sua subjetividade ou de sua conflitiva, de maneira inconsciente, e essa pré-história convive lado a lado com a sua conflitiva pessoal intrapsíquica. Os estudos psicanalíticos nascidos dos "efeitos radioativos" (Gampel, 2006) do Holocausto foram ampliados, sendo de muita valia para a compreensão dos desdobramentos emocionais de outras formas de violência e trauma.

Penso que a escravidão no Brasil e sua ressonância por gerações podem ser incluídas nesse contexto e ganha força, apesar da escassez de literatura a respeito no Brasil. Várias buscas no Google me levaram, curiosamente, ao título do livro *Transgeracionalidade – de escravo a herdeiro: um destino entre gerações*, da autoria de colegas da Sociedade Brasileira de Psicanálise de Porto Alegre. Na ocasião de sua publicação (Trachtenberg et al., 2013), a conexão entre transgeracionalidade e escravidão inexistia no Brasil, e o título do livro remetia à escravidão de relações derivadas de identificações alienantes. Comento meu espanto (e minha gratidão aos colegas) ao ser questionada sobre a presença da escravidão nas gerações atuais: brancos e negros. Era Salvador, Bahia, ano de 2013. Meu espanto se transformou em curiosidade, mas percebo que pouco se escreve sobre isto: a culpa dos brancos e o silêncio dos negros. Porém, muito se tem falado a respeito nos últimos anos.

Elie Wiesel, a propósito de sua condição de sobrevivente do Holocausto, disse: "Calar-se era terrível, falar impossível" (Benghozi, 2000, p. 92). De acordo com Trachtenberg (2017), os sujeitos vitimados em diferentes situações traumáticas de grande magnitude são impulsionados a buscar, por sua vez, defesas extremadas, na tentativa de manter um mínimo de homeostase emocional. Assim, torna-se intolerável falar, lembrar, rememorar, pensar, sentir, já que colocar o acontecimento traumático ou vergonhoso na rede de representações implica uma ameaça de "re-traumatizar", com desorganização e ruptura do psiquismo.

Como tratamos também no Capítulo 1, é nesse sentido que os sobreviventes dessas violências buscam proteção para tentar sobreviver psiquicamente, fazendo uso da desmentida, da cisão e da clivagem do ego, pois viver em mundos superpostos ou paralelos é um recurso de sobrevivência.

Lembrei-me dos meus vizinhos e amigos, acerca de quem fui aprender algo somente na vida adulta. Fiquei pensando no silêncio que ronda as famílias traumatizadas, sejam eles (os traumas) pessoais, familiares, sociais. Esse silêncio, cisão do ego, é usado como potente defesa contra a *re*traumatização do sujeito, gerando criptas, que, no dizer de Abraham e Torok (1995), seriam:

> *Todas as palavras que não puderam ser ditas, todas as cenas que não puderam ser rememoradas, todas as lágrimas que não puderam ser vertidas, serão engolidas, assim como, ao mesmo tempo, o traumatismo, causa da perda engolidos e postos em conserva. O luto indizível instala no interior do sujeito uma sepultura secreta. (p. 249)*

Os mesmos autores falam da transmissão que, ao longo das gerações, aparece como fantasma:

> *Por menos segredos que tenham seus pais, eles lhe transmitirão uma lacuna no próprio inconsciente, um saber não sabido, uma nesciência... Um dizer enterrado se um dos pais se torna para a criança um morto sem sepultura. Esse fantasma retorna, então, a partir do inconsciente, e vem assoprar, induzindo fobias, loucuras, obsessões. Seu efeito pode chegar até a atravessar gerações e determinar o destino de uma raça. (p. 278)*

Ao se referirem às ressonâncias do trauma não elaborado em uma dada geração, Abraham e Torok enfatizam que nada pode ser abolido completamente; algo aparecerá em gerações seguintes, como enigma ou como algo impensado. Nessa linha de pensamento, Benghozi (2000) utiliza a expressão "traumatismo como herança" para designar situações em que, embora o fato traumático tenha se dado com o progenitor, é transmitido ao descendente sem que nunca tenha sido falado. Para esse autor, há um risco constante de que um traumatismo psíquico não metabolizado seja repetido depois de várias gerações.

O traumatismo, que pode ser um luto, vergonha, violência social etc. sem possibilidade de elaboração psíquica (com clivagem do ego e formação de cripta), constitui uma verdadeira pré-história para as gerações seguintes, pela qual estão compulsoriamente atravessadas. As gerações futuras têm de lidar com uma experiência traumática que não é própria, mas sim dos pais, de quem dependem psiquicamente. Serão possíveis prisioneiros de sua pré-história, serão as *gerações fantasmas*.

O fantasma resulta, então, sobre um sujeito, dos efeitos inconscientes da cripta de outro, de seu segredo inconfessável. Podemos dizer que o sujeito fantasma é, portanto, prisioneiro de outro sujeito, do sujeito cripta. Assim, encontraremos, em ambas as gerações, o impensável, o indizível, o negativo, o processo do segredar, os restos insensatos, os passados em silêncio, as histórias vazias. E estará fundada a "cadeia traumática transgeracional" (Gomel, 1997).

De acordo com Trachtenberg (2012, 2017), o trauma pode inaugurar, na história de muitas famílias, as condições para as transmissões transgeracionais, carentes do espaço de transcrição transformadora. O trauma não elaborado tem poder para interromper a transmissão intergeracional, aquela que se dá *entre* os sujeitos. Com isso, passa a existir outra, dessa vez defeituosa, transgeracional, que ocorre *através* dos sujeitos, atravessando o psiquismo, invadindo-o violentamente, numa passagem direta de formações psíquicas de um sujeito a outro, de uma geração a outra, sem preservação dos espaços subjetivos ou intersubjetivos.

> *[...] o trauma da ruptura com as origens, com tudo que compõe os elos que ligam à sua terra natal, sua cultura específica, seus costumes, seus laços familiares e amizades, seus bens e sua relação com a língua; de outro lado, o choque traumático com a nova cultura, que, à parte a frequente alienação e hostilidade ao estrangeiro, inclui muitas vezes o racismo (sobretudo onde a diferença racial é fisicamente aparente), entre outras dificuldades de adaptação social e econômica. Ademais, a variação nas facilidades e nos contextos de inserção do sujeito em função de sua faixa etária (criança, púbere, adolescente, jovem, adulto) torna-se, em poucos anos, uma fonte de mal-estares e conflitos entre gerações no seio da família e da comunidade dos imigrantes. O desenrolar dessa diferença afeta os graus de vergonha, culpa, marginalização e até vários tipos de adoecimento e formas de loucura pelos quais são passíveis de serem acometidas sobretudo as proles dessas famílias. (Delouya, 2017, p. 82)*

Penso que estamos no território das repetições sem nome, dos nomes sem história, das histórias vazias, dos silêncios do passado traumático, das histórias traumaticamente interrompidas e perdidas. Tal pode ser o destino das gerações de descendentes de povos escravizados?

Se as heranças psíquicas garantem a passagem das aquisições e do potencial espiritual da humanidade, também são transmitidas aos filhos as cargas de superar as questões que ficaram em suspenso no inconsciente dos pais e ancestrais. Nos casos em que o luto não pode ser processado, por culpa ou por excesso traumático, a realidade em seu sentido metapsicológico pode instalar-se na forma de uma cripta, pela exigência de permanecer escondida, inominável.

Mijolla (2001) disse que o psicanalista, ao lado do geneticista, deve defender o direito que cada ser humano tem de reconstruir os elementos da sua pré-história que, da mesma forma que o genótipo, são fragmentos importantes de sua identidade. Muitas vezes, as origens étnicas perdem-se na sucessão das gerações e, ocasionalmente, seguem caminhos cuja resultante dificulta o seu encontro. Entendemos, assim, que o indivíduo se constitui, entre outros fatores, de sua história e de sua pré-história, tanto do ponto de vista genético, como dos pontos de vista subjetivo e social.

Observamos que há pessoas que reconhecem a sua múltipla origem étnica com satisfação e orgulho, entendendo que de cada uma delas é possível resgatar alguma riqueza particular. Podemos falar de identificações telescópicas? Como vimos, Trachtenberg (2002) assim denominou o movimento psíquico que perpassa várias gerações, chegando a lugares muito distantes, conservando e, ao mesmo tempo, modificando histórias nessa trajetória. Está relacionado às tradições de grupos étnicos e de grupos familiares.

Na tradição oral de muitas famílias, vai sendo perdido o contato com as origens étnicas, mas contemplamos também outro fenômeno: é com frequência que algumas origens étnicas ditas "menos nobres", como negros e indígenas, são desmentidas ao longo das gerações. De tal maneira, é possível visualizar, em algumas dessas gerações, pacientes miscigenados, de pele clara e com uma nítida origem negra, evidenciada por traços negroides, que se escondem de si e dos outros por meio do alisamento de cabelos, por exemplo. Isso acontece em decorrência da demandada cultura atual, e não é feita qualquer referência a essa raiz de sua constituição física ou de seu pertencimento. Pensamos que essa questão vai além do preconceito racial ou do autopreconceito, e é chamativo que ambos, preconceito e origem, ficam de fora do discurso verbal ao longo de anos de tratamento. Vergonha? Essa e outras origens étnicas são escondidas, segredadas, clivadas, cindidas, reprimidas e resistidas pelo sujeito sem que ele mesmo tenha consciência dessa particular situação.

Em relação às origens negras ou indígenas, vale pensar a sua relação com a história da escravidão no Brasil? A escravidão parece estar encravada no inconsciente. Segundo Pastori (2012), Gilberto Freyre, em seu livro *Casa grande & senzala*, mostra as várias facetas que se estabeleceram entre senhores e escravos no Brasil. A convivência desde cedo da criança da família dos senhores com os escravos foi marcada pela ambivalência. O vínculo com a escravidão deixou marcas psicológicas no modo de ser de todo e qualquer brasileiro. Estamos sempre oscilando entre um lado e outro do chicote, diz o autor.

Seria, então, a vergonha da origem um fantasma transgeracional, derivado de uma vergonha social, que atravessa gerações? Vale pensar que o trauma do escravo, dos antepassados escravizados, sedimentou-se como não processado e repetido ao longo das gerações? Trata-se de uma transmissão transgeracional, patológica e com capacidade para gerar mais ou menos sofrimento de acordo com suas características?

Lewis Gordon (2013), no prefácio do livro *Pele negra, máscaras brancas*, de Frantz Fanon, afirma que o autor ressalta, inicialmente, que racismo e colonialismo deveriam ser entendidos como modos socialmente gerados de ver o mundo e viver nele. Isso significa, por exemplo, que os negros são construídos como negros. Em outras palavras, não haveria razão para as pessoas na África, na Austrália ou em outras áreas do Pacífico Sul pensarem sobre si mesmas em termos raciais. Para entender como tais construções ocorrem, o caminho lógico é examinar a linguagem, já que é por meio dela que criamos e vivenciamos os significados. Na linguagem está a promessa do reconhecimento; dominar a linguagem, um certo idioma, é assumir a identidade da cultura. Essa promessa não se cumpre, todavia, quando vivenciada pelos negros. Mesmo quando o idioma é "dominado", resulta a ilegitimidade. Muitos negros acreditam nesse fracasso de legitimidade e declaram uma guerra maciça contra a negritude. Esse racismo dos negros contra o negro é um exemplo da forma de narcisismo no qual os negros buscam a ilusão dos espelhos que oferecem um reflexo branco.

Uma defesa psíquica extremada? Uma defesa adaptativa? Evitação da repetição do traumático? Como podemos ajudar nosso paciente a vencer essa resistência étnica, marcada pelo "branqueamento" e pela desmentida da origem? Estamos falando de uma repetição sem nome de uma defesa do traumático não elaborado de ancestrais escravos?

De acordo com Maria Aparecida Bento (1992), são compreensíveis o silêncio e o medo, uma vez que a escravidão envolveu apropriações indébitas concreta e simbólica, violação institucionalizada de direitos durante quase 400 dos pouco mais de 500 anos que tem o país. Assim, a sociedade empreendeu ações concretas para apagar essa "mancha negra da história", como fez Rui Barbosa, que queimou importante documentação sobre esse período. Essa herança silenciada grita na subjetividade contemporânea dos brasileiros, em particular dos brancos, beneficiários simbólicos ou concretos dessa realidade.

No entanto, o silêncio não pode apagar o passado: esse tema é um permanente desconforto para os brasileiros e emerge quando menos se espera. Octavio Ianni (1972) analisa e define o branqueamento a partir de um estudo realizado sobre a situação de contato racial em Florianópolis. Segundo ele, "as ações dos indivíduos de cor, com referência aos brancos, se orientam em dois sentidos: integração e ascensão social" (p. 153). Ianni afirma que analisar o ideal de branqueamento é enfocar um dos padrões fundamentais envolvidos na constituição das famílias de negros e mulatos, e que "branquear é uma aspiração universal. Negros, mulatos escuros e mulatos claros, todos querem branquear" (p. 32). Quanto ao casamento interracial, Ianni ressalta que "o simples casamento com indivíduo mais claro já satisfaz o mais escuro. Ter descendentes mais claros é motivo de orgulho" (p. 123).

Para o psiquismo do negro em ascensão (social), que vive o impasse consciente do racismo, o sofrimento não é saber viver e pensar o que poderia vir a lhe dar prazer, mas o que é desejável pelo branco (Souza, 1983). Diferentes estudiosos têm se preocupado com a maneira como os negros foram e vêm sendo atingidos pela ideologia do branqueamento no Brasil. A militância negra tem destacado persistentemente as dificuldades de identificação racial como um elemento que denuncia uma baixa autoestima e dificulta a organização negra contra a discriminação racial.

Aqueles que carregam dentro de si essa parte alienada de seu psiquismo e têm a sorte de encontrar um interlocutor válido terão a chance de transformar essa herança transgeracional em herança intergeracional (a primeira delas é a patológica, marcada por segredos encriptados, não elaborados em uma dada geração, e a segunda se refere à transmissão de tradições, trazidas pela palavra ao longo das gerações). Nessa ocasião, o sujeito poderá conectar-se efetiva e afetivamente com sua pré-história, suas raízes e assim enriquecer seu mundo interno com o pertencimento a cada uma delas. A subjetividade, que é um constante vir a ser, sairá fortalecida se puder incluir – recuperar – o que ficou cindido e perdido do outro lado do oceano. E recuperar a humanidade. Como traduz a rapper Negra Jaque, no clipe "Cabelo Crespo", sobre esse reencontro com a identidade: "Cabelo crespo/Solte seu cabelo crespo/Cabelo crespo/ Solte seu cabelo crespo/Meu cabelo é nossa raiz".

Referências

Abraham, N.; & Torok, M. (1995). *A casca e o núcleo*. Escuta.

Benghozi, P. (2000). Traumatismos precoces da criança e transmissão genealógica em situação de crises e catástrofes humanitárias: desemalhar e remalhar continentes genealógicos. In O. B. R. Correa (org.). *Os avatares da transmissão psíquica geracional*. Escuta.

Bento, M. A. (1992). *Resgatando a minha bisavó: discriminação racial e resistência nas vozes de trabalhadores negros* [Dissertação de mestrado]. Pontifícia Universidade Católica de São Paulo (PUC-SP), São Paulo.

Delouya, D. (2017). Imigração, tempo e esperança. *Revista Brasileira de Psicanálise*, 51(1), 75-84.

Gampel, Y. (2006). *Esos padres que viven a través de mi: la violencia de Estado y sus secuelas*. Paidós.

Gomel, S. (1997). *Transmisión generacional, familia y subjetividad*. Lugar Editorial.

Gordon, L. (2013). Prefácio. In F. Fanon. *Pele negra, máscaras brancas*. Recuperado de https://www.geledes.org.br/wp-content/uploads/2013/08/Frantz_Fanon_pele_negra_mascaras_brancas.pdf>

Ianni, O. (1972). *Raças e classes sociais no Brasil*. Civilização Brasileira.

Mijolla, A. (2001). História e pré-história psíquicas: o "intergeracional" e seus fragmentos de identidade. *Psicanálise – Revista da Sociedade Brasileira de Psicanálise de Porto Alegre*, 3(2), 305-329.

Mundo Ubuntu. (2012). *Origem da palavra ubuntu*. Recuperado de http://www.mundoubuntu.com.br/sobre/curiosidades-do-ubuntu/63-origem-da-palavra-ubuntu .

Negra Jaque. *Cabelo crespo*. YouTube. Recuperado de https://www.youtube.com/watch?v=vOC8M6pEM2g.

Pastori, S. S. (2012). Brasil, alteridade e subjetividade. In S. S. Pastori & R. F. Nicolau (org.). *Encontro transcultural: subjetividade e psicopatologia no mundo globalizado*. Escuta.

Souza, N. S. (1983). *Tornar-se negro ou As vicissitudes da identidade do negro brasileiro e ascensão social*. Edições Graal.

Trachtenberg, A. R. C. (2002). Espaço psíquico geracional e as identificações telescópicas. *Psicanálise – Revista da Sociedade Brasileira de Psicanálise de Porto Alegre*, 4(1), 195-202.

Trachtenberg, A. R. C. (2012). Efeitos psíquicos das heranças culturais. In S. S. Pastori & R. F. Nicolau (org.). *Encontro transcultural:subjetividade e psicopatologia no mundo globalizado*. Escuta.

Trachtenberg, A. R. C. et. al (2013). *Transgeracionalidade – de escravo a herdeiro: um destino entre gerações*. Sulina.

Trachtenberg, A. R. C. (2017). Transgeracionalidade: sobre silêncios, criptas fantasmas e outros destinos. *Revista Brasileira de Psicanálise*, 51(2), 77-89.

16. Homenagem à Yolanda Gampel: trauma social, radioatividade, os vaga-lumes e a esperança[1]

Voava a luzinha verde, vindo mesmo da mata, o primeiro vaga-lume. Sim, o vaga-lume, sim, era lindo! Tão pequenino, no ar, um instante só, alto, distante, indo-se. Era, outra vez em quando, a alegria.

(Guimarães Rosa, "As margens da alegria")

Como falar de Yolanda Gampel, psicanalista titular com função didática da Sociedade Psicanalítica de Israel, ganhadora do Prêmio Sigourney, em 2006, por suas relevantes contribuições à Psicanálise, e o Prêmio Hayman, por seu trabalho com sobreviventes da *Shoah*, entre tantos outros reconhecimentos?

Fazendo uma difícil e apertada seleção, telegráfica, dos múltiplos aportes de Yolanda Gampel, não posso deixar de mencionar dois conceitos, a meu entender, paradigmáticos: identificação/transmissão/

1 Versão ampliada do comentário da Conferência de Yolanda Gampel realizada na SBPdePA, em 14 de maio de 2022.

núcleo radioativo e objeto tesourificado, ou objeto tesouro. Trata-se dos mais transparentes e elucidativos conteúdos quando tentamos entender os misteriosos fenômenos transgeracionais, descobertos e pensados pela psicanálise *a posteriori* da *Shoah*.

Além disso, a sua grande preocupação com a violência, o trauma e a dor sociais, assim como seu trabalho com crianças palestinas e israelenses, faz de Yolanda Gampel uma referência quando entendemos que a psicanálise vai além do intrapsíquico em sessão. Psicanalistas como Yolanda Gampel, Janine Puget, René Kaës, Silvia Amati, entre outros, foram fundamentais para essa nova compreensão em psicanálise e esse pensamento a respeito da legitimidade da *dor social* como integrante de seu campo.

Lembrando da história do conceito psicanalítico do trauma e do traumático, vemos que ambos foram relegados a segundo plano desde a virada do século XIX para o século XX, ocasião em que Freud (1892-1899) afirmou não acreditar mais em suas histerias, inaugurando a importância da fantasia no cenário psíquico. Foram necessárias décadas e guerras para que o conceito de trauma conquistasse seu fundamental protagonismo na psicanálise ao lado do território do mundo fantástico que nos habita.

Após a Segunda Guerra Mundial e após a *Shoah*, o conceito freudiano de trauma ressurge como trauma e dor social. Aqui se inscrevem traumas da humanidade, tais como *Shoah*, escravidão, desaparecidos das ditaduras latino-americanas e outras violências de Estado. Seu livro *Esos padres que viven a través de mi* (traduzido em quatro idiomas) inspira uma e outra vez a psicanalistas, tanto jovens como maduros, a reunirem-se, estudá-los e produzir ideias. Selecionei alguns trechos de seu fundamental livro e outras publicações e/ou entrevistas de Yolanda Gampel publicados no Brasil e na Argentina, para ilustrar seu pensamento e contribuir com a discussão a respeito de suas ideias.

Núcleo, identificação e transmissão radioativa, a dor do social

Diz Yolanda Gampel (2006a):

> *As diferentes situações traumáticas, bem como suas possibilidades de atuação no processo psicanalítico, serão tratadas a partir do nó do trauma, considerando-o como: a) pertencente ao contexto da relação primária e vinculado ao processo de crescimento; b) como produto do contexto de violência social do Estado; c) como produto das deficiências da geração anterior, segredos de família, duelos inevitáveis, traumas individuais e coletivos ligados à violência social e de Estado. Os casos b e c referem-se a traumas não apenas ligados ao processo de crescimento, mas também ao inassimilável de um exterior sinistro (p. 127).*

> *Para começar, não podemos dar à Shoah e ao que conhecemos como trauma o mesmo nome. Trauma é o do nascimento, são os traumas descritos por Freud. Precisaria inventar outro nome para denominar o trauma da Shoah. Senão, parece ser como qualquer outro trauma. E não é. É completamente diferente e impensável. Não são feridas curadas. São cicatrizes. Cicatrizes na alma são incuráveis. Cada vez que acontece alguma coisa, a cicatriz abre de novo. Aqueles que conseguiram apagar o número escrito no braço não resolveram nada. Porque o número está inscrito dentro deles. Mas a Shoah não é vivida apenas por quem passou por ela, e sim também por seus filhos e netos. Criei um conceito através de uma*

metáfora para a violência social e política: "identificação e transmissão radioativa". (Gampel, 2014, p. 24-25)

Utilizo o termo "radioativo" como metáfora para os impactos da violência social e política no mundo externo que entram em nosso aparelho psíquico e em nosso equipamento do social, sem que possamos ter qualquer controle sobre sua entrada, sua implantação ou seus efeitos. Inodoro e incolor, aparecem em nós na forma de doença física, turbulência emocional, pulsão descontrolada, desvio do político para o uso e abuso do contexto social, fato clínico difícil de apreender. Esse conceito tende a despertar resistências em diferentes meios, pois exige a consciência de que nenhum indivíduo está a salvo dos efeitos de acontecimentos destrutivos que os seres humanos infligem a outros seres humanos – efeitos que não necessariamente seguem um caminho linear de causa e efeito ou processos detectáveis de identificação, e igualmente não são afetados pela distância temporal ou geográfica. Todos podemos ser receptores passivos ou transmissores de maneira aleatória, pelo simples fato de pertencermos a uma nação ou território, por vivermos em sociedade e neste mundo. Esse modo de transmissão não é exclusivo de apenas um portador específico e facilmente reconhecível. A transmissão radioativa pode imprimir modos de existência e pertencimento que vão mais além das condições singulares de quem pertence a um grupo específico. (Gampel, 2022a, p. 163)

A metáfora do "núcleo radioativo" serve como representação conceitual de um processo particular: a penetração

> *no aparelho psíquico de aspectos terríveis, violentos e destruidores da realidade externa, sem que o indivíduo tenha nenhum mecanismo de controle e de proteção contra essa penetração, seu enraizamento e seus efeitos. Esta "identificação radioativa" inclui vestígios não representáveis, resíduos de influências "radioativas" do mundo exterior enquistadas no indivíduo inconscientemente. No caso da radioatividade propriamente dita, material, a emanação afeta fisicamente o indivíduo, no momento em que ocorre o impacto e tempos depois. Do mesmo modo, a violência social afeta o indivíduo e nele provoca danos no momento em que se manifesta ou algum tempo depois. No entanto, como em certas pessoas expostas à radioatividade, os "resíduos radioativos" permanecem latentes e somente emergem como doença – física ou psíquica – neles ou nos seus filhos, muitos anos mais tarde. (Gampel, 2014, p. 24-25)*

Gampel pergunta qual posição o analista deveria adotar diante da dor docial, que é inevitavelmente transmitida na sessão psicanalítica, já que os fatos deixam profundas marcas no indivíduo e na história coletiva, as marcas *radioativas*, deixadas pela dor social.

> *Mas é muito difícil contar o trauma pelo qual se passou, porque a pessoa nem consegue acreditar que passou por aquilo. Contar não é um trabalho sobre o passado, é uma "re-traumatização". Neste momento, junto comigo, a pessoa lembra aquele outro momento. Agora, escuto o passado e nós dois, juntos, pensamos. Vivemos presente, passado e futuro ao mesmo tempo. (Gampel, 2014, p. 23)*

> *Porque isso nunca será curado. O máximo que podemos fazer pelos que passaram pela Shoah é estar presentes, escutar, relacionar aquelas experiências com o presente. Em minha opinião, não há cura. Só há a possibilidade de estar presente para permitir que o outro continue a crescer e a criar. Mesmo com toda a dor. (Gampel, 2014, p. 23)*

> *Para os sobreviventes da Shoah, uma estratégia possível de sobrevivência é deixar de lado as emoções mais dolorosas e, principalmente, não traduzi-las em palavras. Então, o corpo se converte no lugar onde se expressam indiretamente estas emoções, a angústia, o medo, a dor. Este sofrimento somático crônico constitui então a única marca de uma dor psíquica quase impossível de ser experimentada, justamente por sua potência traumática. (Gampel, 2006b, p. 127)*

Gampel entende que acontecimentos podem levar ao aparecimento da "radioatividade", transformada em emissor, e tornar-se um sintoma. Essa memória do traumático não pode ser elaborada, pois está desconectada, isolada, congelada e, portanto, não é afetada por um movimento associativo. Dessa forma, retorna apenas por meio de um movimento conectivo (Moreno, 2002) que pode ser catastrófico. Essas "identificações radioativas" que ressurgem do recalque, da negação, não podem ser objeto de "recordação", só podem ser "atuadas", isto é, traduzidas em atos. Essas transformações podem ser realizadas pelas vítimas de violência ou mesmo por seus filhos, por meio do misterioso processo de transmissão transgeracional. Manifestam-se de forma marcante quando há uma conjunção de fatores pulsionais, elementos pessoais ou familiares ou eventos externos. Essa alternativa entre agir e lembrar nos confronta com a questão da articulação aleatória de identificação e representação.

> *Então, como a dor da história é transmitida de uma geração a outra? Apenas os restos radioativos são transmitidos, ou podemos também realizar uma transmissão simbólica? Nossa resposta a esta pergunta, dentro de nossas possibilidades limitadas, constitui uma tentativa importante, dado o fracasso da representação: um recolhimento para o silêncio ou a formulação de expressões, frases e sentenças epistemológicas sobre a relação entre memória e história. (Gampel, 2022a, p. 167)*

Objeto tesourificado

> *"Assim, apesar do vazio causado pela separação brutal, pela perda, pela morte, cada criança encontrou para se sustentar psiquicamente uma 'ilusão metaforizada' na forma de um objeto que chamei de 'objeto-tesouro'." (Gampel, 2006b, p. 31)*

> *Aqueles filhos da Shoah aprenderam então que para sobreviver é preciso não expressar nenhuma emoção. E, no entanto, eles foram brutalmente separados de seus entes queridos, bem como de todo o ambiente familiar. Como eles poderiam sobreviver à destruição de sua infância, ao desaparecimento e morte de seus pais? Que força interior os sustentou? Na vida da infância em geral, os hábitos e objetos cotidianos ligados à vida familiar correspondem*

> *a uma necessidade profunda. Eles representam continuidade, segurança. Em situações extremas, marcadas pela ruptura dessa continuidade, tornam-se memórias que a criança carrega consigo para resistir ao pior? (Gampel, 2006b, p. 32)*

> *"Sobreviver a uma situação traumática exige, entre outras coisas, que o indivíduo encontre dentro de si um objeto ou espaço de ilusão dotado de um valor simbólico capaz de dissimular, ainda que por um instante, o horrível e o impensável." (Gampel, 2006b, p. 35)*

> *"Soma-se a esse esforço das crianças para conservar as palavras-objeto-tesouro a vontade de voltar a cheirar algum perfume ou saborear sabores de infância que também são tesourificados". (Gampel, 2006b, p. 34)*

Shoah e memória

Não havia museus ou monumentos, tão somente a carga emocional individual. Não havia uma memória coletiva nem pública, não havia institucionalização da memória. Havia uma memória silenciada, criptada-particular. Novas gerações interrogam, depoimentos particulares passam a ser registrados.

A sobrevivência dos vaga-lumes é o inatual na prática psicanalítica?

Este instigante título me estimulou a buscar as referências de Pier Paolo Pasolini e Didi-Huberman, trazidos por Yolanda Gampel (2005) em seu texto. O conhecido cineasta italiano Pasolini (2012), também escritor e poeta, escreveu em 1941 uma linda carta a um amigo, falando da beleza e da *dança dos vaga-lumes*, pirilampo, clarão errático, momento de graça que resiste ao mundo do terror, também sinal do que existe de mais fugaz e frágil.

Em 1975, retoma a metáfora dos vaga-lumes um pouco antes de morrer. Surge o livro *Escritos Corsários*, no qual escreve um capítulo que se tornou especialmente conhecido: "O artigo dos vaga-lumes", ou, como era denominado anteriormente à sua compilação na obra, "O vazio do poder na Itália". Pasolini, agora muito desesperançado, fala da morte dos vaga-lumes devido ao excesso de luz dos holofotes da política fascista e do mundo moderno; do genocídio cultural; e do desaparecimento do humano no coração da sociedade atual.

Didi-Huberman, no livro *Sobrevivência dos vaga-lumes* (2011), questiona o fatalismo desesperado de Pasolini. Para ele, trata-se de "repensar nosso próprio 'princípio esperança' através do modo como o Outrora encontra o Agora para formar um clarão, um brilho, uma constelação onde se libera alguma forma de olhar para nosso próprio Futuro" (2011, p. 99). Esse encontro de tempos é decisivo, uma colisão entre "um presente ativo com seu passado reminiscente" (p. 99).

Os vaga-lumes não desapareceram, apenas migraram para outras partes, fugindo dos holofotes que os confundem: "Alguns estão bem perto de nós, eles nos roçam na escuridão; outros partiram para além do horizonte, tentando reformar em outro lugar sua comunidade, sua minoria, seu desejo partilhado" (Didi-Huberman, 2011, p. 136). Cabe a nós encontrá-los. O *saber vaga-lume* é, muitas vezes, um não saber, e é sempre um saber clandestino, intempestivo, incômodo. Vaga-lumes são luzes vagantes na escuridão. Luzes da resistência do humano diante do horror. Enfatizando novamente a afirmação de Didi-Huberman, trata-se de "repensar nosso próprio 'princípio esperança' através do modo como o Outrora encontra o Agora para formar um clarão, um brilho".

Faz-me pensar no que denomino "lógica da esperança": nascemos novos sujeitos a cada encontro (Trachtenberg, 2022). É a lógica do encontro com o outro, da presença e seus efeitos, da diferença, do acontecimento e do radicalmente novo, lógica do devir, do vir a ser, da subjetividade múltipla, em constante movimento. Lógica *vincular*, como tão bem nos propuseram Isidoro Berenstein e Janine Puget em seus numeroso escritos e conversas. O magnífico mundo da incerteza, do gerúndio, do ir *fazendo* e ir *sendo* outro a cada novo encontro, o mundo da esperança. "Nesse mundo tudo muda, também mudam as formas de seguir destruindo, sendo necessários muitos vaga-lumes para manter a esperança" (Gampel, 2022b).

Referências

Baer, A. (2006). *Holocausto. Recuerdo y representación*. Losada.

Didi-Huberman, G. (2011). *Sobrevivência dos vaga-lumes*. Editora UFMG.

Freud, S. (1982). Fragmentos de la correspondencia con Fliess (1892-1899). In *Obras completas* (Vol. 1). Amorrortu.

Gampel, Y. (2022a). A dor do social. In *Livro Anual de Psicanálise*, *34*, 163-182.

Gampel, Y. (2022b). *Comunicação pessoal*. Escuta.

Gampel, Y. (2006a) Cuerpo, duelo y trauma. *Revisa SAP (Sociedad Argentina de Psicoanálisis)*, *9*, 115-132.

Gampel, Y. (2006b). *Esos padres que viven a través de mi: la violencia de Estado y sus secuelas*. Paidós.

Gampel, Y. (2005). *La supervivencia de las luciérnagas es lo inactual de la practica psicoanalítica?* Psychoanalysis.today. https://www.psychoanalysis.today/es-ES/PT-Articles/Gampel102820/The-Survival-of-Fireflies%E2%80%9D-Is-the-Current-Out-Of-D.aspx

Gampel, Y. (set./dez. 2014). Psicanálise quando uma bomba cai (entrevista). *Revista Brasileira de Psicanálise*, *48*(4), 19-28.

Kaës, R. (1991). Rupturas catastróficas y trabajo de la memoria: notas para una investigación. In J. Puget; & R. Kaës (comp.). *Violencia de Estado y psicoanálisis*. Centro Editor de América Latina.

Levi, P. (1988). *É isso um homem?* Rocco.

Milgram, T. Holocausto: ecos e memórias. [Federação Israelita SP]. YouTube. Recuperado de https://www.youtube.com/watch?v=XN9uTbHB69k

Moreno, J. (2002). *Ser humano. La inconsistencia, los vínculos, la crianza*. Libros del Zorza.

Pasolini, P. P. (2012). O vazio do poder na Itália [o artigo dos vaga-lumes]. *Revista Literária em Tradução*, *3*, 111-117.

Puget, J. (2000). Traumatismo social: memória y sentimiento de pertenencia, memória social-memória singular. *Psicoanálisis – Revista da ApdeBA*, *32*, 455-482.

Roudinesco, É. (2008). *A parte obscura de nós mesmos: uma história dos perversos*. Zahar.

Trachtenberg, A. R. C. (2022). A lógica da esperança: nascemos novos sujeitos a cada encontro. *Psicanálise – Revista da Sociedade Brasileira de Psicanálise de Porto Alegre*, *24*(1), 26-33.

Trachtenberg, A. R. C. (2009). História de traumatismos e traumatismos da história. *Psicanálise – Revista da Sociedade Brasileira de Psicanálise de Porto Alegre*, *11*(1), 17-27.

Parte III

Algumas crônicas do passado/presente

17. Sobre a minha serena condição de mulher judia[1]

É verdade, é com muita serenidade que eu afirmo: sou uma mulher profunda e orgulhosamente identificada com o universo judaico. Nele está a minha história, a história dos meus pais, dos pais dos meus pais, dos pais de seus pais... A minha vinculação com o judaísmo é intensa e profundamente enraizada na infância, e essa ligação, que encontrou um esconderijo atrás das tempestades da adolescência, nas naturais rebeldias, não se perdeu, foi uma sobrevivente. Como o judaísmo, que por tantas passou ao longo das gerações!

Nas vésperas do bar-mitzvá do meu filho, eclodiram dentro de mim inúmeras emoções e vivências que, *a posteriori*, entendi, estavam pré-prontas, adormecidas, como um navio ancorado no porto, à espera do marujo, prestes a zarpar para uma viagem de encantamentos e re-descobertas. Acordei, saí do esconderijo, e me deixei levar pelo mar, agora tranquilo, e apreciei com nitidez o tesouro, e vi que seu brilho era intenso; não para ofuscar, e sim para iluminar. E eu vi, eu vivi, eu revivi aquela maravilhosa convivência com a singularidade,

1 Publicado na *Revista Wizo* (Women's International Zionist Organization), RS, 1999. *Mulher – no caminho de novas conquistas.*

os detalhes, as cores e os matizes das tradições do judaísmo religioso cultivadas pelos meus avós e, particularmente, as avós. Criou-se um entrelaçamento mágico, fantástico, mas simultaneamente duradouro e firme, entre o mundo infantil e o mundo judaico. Esse amálgama, que trilhou muitas estradas, incontáveis horas de divã analítico, que alimentou e foi alimentado por muitas emoções, desembocou em inúmeras identificações femininas e, portanto, feminino-judaicas. Assim, para mim, ser mulher, mãe, esposa e profissional acompanha-se necessariamente a condição de ser judia.

O *shabat*, as grandes festas, a sinagoga Linet Tzedek, da qual meu avô foi um dos fundadores, a alegria e o respeito das reuniões de toda a família, com suas rezas, canções e costumes, os preparativos, o iídiche usado para os segredos, a Hagadá de Pêssach, a Sucá no pátio, e por aí vai! Toda essa magia representa muito mais do que simples recordações; são lembranças repletas de significados pertinentes a uma história individual, que atravessa gerações, mas está inserida num mundo de tradições de um povo. Este cruzamento entre o individual e o coletivo implica um sentimento de "pertencer a" que é responsável por uma particular sensação de bem-estar, paz interior e identidade, enquanto integração e conquista; são novos patamares de crescimento, outros padrões, inseridos na ética e na estética de todo um povo.

O cultivo das tradições reforça a origem e as identificações de cada um, pois traduz o encontro tão integrador e tranquilizador com pais e avós que carregamos dentro de nós.

Tradição, identidade, história, estórias e religião não são sinônimos; cultivar o *shabat*, as grandes festas, frequentar a sinagoga e cantar os cantares pode ter motivações particulares: para alguns, unir-se com Deus; para outros, com a tradição, sua história, suas origens etc. Penso que cada um vai, à sua maneira, em busca da revitalização de seus próprios personagens, da renovação de suas esperanças, da alimentação da sua integração e da sua integridade.

Eu, mulher judia do século XX, médica, psicanalista, profunda e serenamente identificada com as minhas raízes, vejo que neste vértice ocorre um cruzamento fundamental: trabalho para que cada um encontre em si mesmo a sua própria essência. O judaísmo e a psicanálise não brigam dentro de mim, ao contrário, trata-se de uma belíssima reunião: é no universo do judaísmo que eu me procuro, é na psicanálise que eu me acho, me resgato e mantenho vivos os meus antepassados, meu passado, meu presente, meu futuro.

18. Pós-data 70+ e o número 7!

No dia 14 de setembro de 2022, eu festejei meus 70 + 364 dias, ou 70+. Foi no dia anterior aos 71. A pandemia "empurrou" a comemoração, e tive a alegria de receber setenta mulheres. Quando fiz a apertada lista de convidadas (lamento não ter podido incluir todas que eu gostaria de abraçar e por quais gostaria de ser abraçada naquele dia), entre familiares e amigas, me dei conta que constituíam sete diferentes "tribos". Contudo, qual o significado do número 7?

Li o texto de 1999 – "Sobre a minha serena condição de mulher judia" – sob forte emoção. Na sequência, chamei uma mulher representante de cada uma das "sete tribos" para acender as velas previamente dispostas numa mesa especial. Acender velas, lembrando e homenageando as mulheres judias da minha família. Eu sempre soube que as velas têm um significado especial no judaísmo, mas aprendi um pouco deste no tal de Google.

As velas, que são em número de duas (pelo menos), levam luz e harmonia ao lar e à família. Significam, *zachor* e *shamor*: recordar (Êxodo 20:8) o dia *shabat* para santificá-lo e guardar (com suas leis) o *shabat* (Deut. 5:12). O acendimento das velas, com o nascimento da primeira estrela, nas sextas-feiras, dá início ao *shabat*, período de descanso e reunião da família, que chega ao fim com o surgimento da primeira estrela no sábado. Missão e honra atribuída às mulheres.

Na minha mesa especial, catorze velas aguardavam o acendimento, enfeitando os castiçais e candelabros de família. Trazendo luz para todos os presentes na ocasião. Eles são nossas joias familiares, que passam de geração em geração. Ali estavam, trazidos da Polônia, no navio, os castiçais de minhas avós (quiçá também das bisavós). Como filha/neta de refugiados do nazismo na Europa, primeira geração nascida no Brasil, tenho uma especial admiração por essas heroínas.

A celebração dos 70+ e do acendimento das velas é uma homenagem a essas corajosas mulheres que atravessaram o oceano para salvar suas famílias, trazendo os valiosos candelabros/castiçais nos seus baús. Eles não podiam faltar na chegada a esta terra desconhecida e misteriosa. Por meio dos castiçais, estão minha avó Malke/Malvina, minha avó Esther (Baba), minha tia Raquel, minha querida mãe Sara/Sura Menia e as *chaverot* ("amigas") da Wizo. Mulheres que tive/tenho o privilégio de conhecer e conviver. E acender velas hoje e nos *Shabatot* da vida. *Le Chaim*!

A todas as presentes na comemoração, minha homenagem.

Porto Alegre, 14 de setembro de 2022.

19. *Kamchatka*[1] não me sai da cabeça

Ontem assisti a um filme espetacular que tem, para mim, a transcendência de *A lista de Schindler* ou *O pianista*, com a diferença que aquele se refere a uma realidade próxima, no tempo e no espaço. *Kamchatka* permite – por meio de seu roteiro inteligente e cheio de metáforas, cenas de fundo e palhaçadas infantis –, que se preencham espaços em uma mente apta a pensar. Vivi na cidade de Buenos Aires de 1975 até 1985; cheguei poucos meses antes do golpe militar, que devastou o país, os jovens e a possibilidade de pensamento de toda uma geração; e parti quando o presidente Alfonsín, o primeiro eleito pelo voto popular depois dos sucessivos governos militares, iniciava seu mandato. Vivi lá durante os chamados "anos de chumbo". Escutava de amigos e colegas inúmeras histórias de desaparecimentos, prisões, torturas, famílias em fuga, inocentes mortos etc. Presenciava e respirava o terror, na comissaria de polícia, a uma quadra da minha casa; no operativo na porta do hospital – porque lá se refugiara um

1 Filme argentino de 2002, dirigido por Marcelo Piñeyro e estrelado por Ricardo Darín e Cecilia Roth. Kamchatka é um lugar longínquo na Ásia.

guerrilheiro etc. Anos de chumbo... Não me parece o momento de discutir a ideologia do terrorismo de então, nem do terrorismo de Estado dominante naqueles anos. Desejo apenas expressar a imperiosa necessidade de que tínhamos todos, estrangeiros ou não, de viver sob o domínio da dissociação e desmentida, como forma de sobrevivência emocional. A devastadora invasão do terror nos ensinava táticas de defesa: negar mais e mais a sua existência. Ao mesmo tempo, a sorte nos permitiu que nosso nome não constasse na "agenda de algum vizinho" de terrorista, o que garantiu nossa sobrevivência física. As emoções daquele intenso período da vida, no tocante ao terrorismo, ficaram mais de 25 anos congeladas, encriptadas, como um corpo estranho que pede para explodir, mas não consegue. As palavras não ditas, as emoções não sentidas, a vida não vivida, os amigos perdidos, o desamparo emocional, que havia sido levado para sabe-se lá para onde, talvez para Kamchatka, apareceram suaves e digeridos nessa noite, ao chorar intensamente enquanto assistia a esse filme. Nele, os desaparecidos evidenciavam-se por meio de cenas dos filmes infantis na TV, que estavam como pano de fundo; ou por meio das brincadeiras infantis; ou com Houdini, o famoso mágico, que Harry insistia em qualificar como escapista. Sempre que a tensão ameaçava tornar-se intolerável, ou próxima daquilo que havia sido real, uma criança descolocava os personagens – fazendo-nos rir na poltrona do cinema –, ou eles dançavam ao som de "O calhambeque", cantada por Caetano Veloso. De tal maneira, foi possível chegar ao fim deste triste filme, de uma triste realidade. Contudo, se ainda hoje ela é triste, pode ser pensada (ao menos um pouco!), lembrada e até chorada; depois de *Kamchatka*, aquele terror pode ser um pouco visto, na sua forma belamente pré-digerida para nós.

O que invade a minha alma e a minha mente, em *Kamchatka*, é a poesia, é o amor entre um homem e uma mulher, o desejo de proteger os filhos do horror, da impunidade, é a demonstração de que o sonho, a ilusão, a alegria são "*la sal y la salvación de la vida*".

Muchas gracias a todos los que hicieron esta película para nosotros.

26 de maio de 2003.

20. Por uma psicanálise do não saber[1]

Maio de 2018. Assim início este texto. Pediram-me para falar sobre Muros. Vou lembrando de outro maio, o de 1968. O famoso mês, de final 8, que, há cinco anos, mudou a cara do mundo a partir de protestos estudantis na França. Romperam, simbolicamente, muros. Passados vinte anos, cai o muro de Berlim, em 1989. E volto para cá, para 2018, para o Brasil, pensando em nossos muros, nos muros e no extramuros da psicanálise que hoje vivemos. Vou lembrando que o número 18, no calendário judaico, significa *Chai*, que significa vida. E a psicanálise no Brasil está viva, pensante, dinâmica. Psicanálise na qual predominam as perguntas, e não suas respostas. Psicanálise do não saber, e não a certeza do conhecido. Foi-se o tempo em que a psicanálise era aquela do castelo das quatro paredes, do exclusivismo do intrapsíquico e dos olhos vedados para o afora. O afora da presença do outro na constituição do psiquismo do sujeito, o afora do vínculo subjetivante, o afora do social, o afora das infinitas possibilidades da psicanálise. Infinito, sim. Desde a fundamental ajuda aos nossos pacientes, nos intramuros, até o trabalho social

1 Publicado no *Jornal da Brasileira – SBPdePA*, *21*(1), pp. 14-15, jun. 2018.

de saúde mental preventiva, passando pelas inserções na arte, na educação, na medicina, nos hospitais, nas ruas etc., sem perder a sua intrínseca identidade. Nem a psicanálise nem o psicanalista perdem. Ao contrário, ganhamos. Em expansão, em qualidade, em abrangência, em humanidade. Pensemos em modelos metapsicológicos que se complementam à já clássica e ainda atual metapsicologia freudiana. Refiro-me aos pensamentos e pensadores que extrapolam o intrapsíquico, passando pelo tão conhecido modelo do intersubjetivo, para chegar nos modelos de um funcionamento mental que inclui o transubjetivo (grupal, social, familiar). Podemos, então, pensar no sujeito como sendo constituído a partir desses três espaços psíquicos (René Kaës). Pensemos também em modelos que expandem a subjetivação aos primeiros anos de infância, ao complexo de Édipo e aos objetos internos e às representações. Refiro-me aos autores (Isidoro Berenstein, Janine Puget) que pensam a vincularidade, a relação entre sujeitos e as famílias, como constitutivos por meio da presença de um outro. Este outro (específico), e não um outro (inespecífico), promove marcas e se deixa marcar pela presença. Essas presenças, que penetram no "eu", serão, portanto, promotoras de novas subjetividades ao longo da vida dos sujeitos, enquanto houver permeabilidade ao novo, ao diferente – escapando do narcisismo que a tudo iguala, e sua contrapartida, a hospitalidade (Jacques Derrida). Assim, um novo psiquismo nasce, ou se funda, permanentemente, a partir dos vínculos. Resgatamos, nas últimas décadas, a importância do traumático que esteve ocupando lugar de filho bastardo – apesar de com ele ter nascido a psicanálise no final do século XIX – desde a sentença de Freud dizendo que não acreditava mais em suas histéricas. E criou-se assim a fundamental e persistente ideia de fantasia. De mãos dadas com o traumático está o pré-histórico, transgeracional, rodeado de fantasmas (que não são as fantasias) e que partiram do trauma humano social mais importante do século XX, o Holocausto. Ali, nas manifestações dos sobreviventes dos campos de concentração e campos de extermínio na Europa do pós-Segunda Guerra Mundial, rompe-se um novo muro. Desde outra perspectiva, observa-se em nosso entendimento, na clínica psicanalítica, uma nova valorização da pré-história dos sujeitos, ou seja, a história de seus ancestrais, que tantas e tantas vezes nos surpreende com seu poder radioativo de transmissão psíquica entre gerações. Os segredos e/ou traumas não elaborados nas e das famílias deixam marcas "escondidas", silenciosas, que "retornam" nas gerações seguintes. O transgeracional constitui, junto aos demais pontos abordados, expansões recentes do rico e vivo pensamento freudiano. E a psicanálise se vê obrigada a olhar para esse novo fenômeno, até então alienado: o fenômeno e seus efeitos no psiquismo daquela e das gerações seguintes. O trauma social permeando o psiquismo. No Brasil, muito recentemente fala-se de alguns de nossos traumas sociais: nossos anos de ditadura na década de 1970 e outro mais antigo, a escravidão. Marcadores de várias gerações, etnias escondidas. Somos mestiços, nossa psicanálise é mestiça, fruto de nossa negritude, nossos índios, nossos europeus. Talvez nossa mestiçagem e diversidade sejam fontes de nossa criatividade, vitalidade e constante renovação. E aqui estamos tentando fazer uma psicanálise própria, fora dos muros, no extramuros, levando nosso saber para o afora. Muito podemos contribuir para o bem-estar dos sujeitos, das famílias, dos casais, das populações, na prevenção e na abordagem social , bem como fazer uso de outras áreas do conhecimento humano por meio das mais diversas intervenções. Parece que saímos de cima do muro.

21. Esperança esquina liberdade[1]

Nasci e me criei em Porto Alegre, no Sul do Brasil. Sou filha de refugiados judeus poloneses e pobres que, entre as duas guerras mundiais, se aventuraram para um lugar completamente desconhecido, o Brasil, com o intuito de salvar a pele do antissemitismo e do nazismo da Europa. Os familiares que lá permaneceram foram dizimados. Sou a primeira geração do Brasil e descendente "indireta" de sobreviventes da *Shoah*/Holocausto.

Neta de religiosos e mantenedora de todas as tradições do judaísmo, cresci escutando, ano após ano na Hagadá – livro de rezas de Pêssach (que significa "passagem") –, que os judeus foram escravos no Egito, libertados por Moisés e que é nossa obrigação como povo ler e contar essa história ano após ano, para todas as gerações.

Quero reproduzir aqui as palavras do rabino Lord Jonathan Sacks (2017), que me ajudarão a abrir caminho para o que desejo expor mais adiante.

---

1 Publicado no *Jornal da Brasileira – SBPdePA*, 22(1), jul. 2019.

> *Porque lembrar*
> *O Seder de Pessach é o momento em que nos reunimos com toda nossa família e recontamos a história do Êxodo do Egito, ocorrido há mais de 3000 anos. Mas fazemos mais do que recontá-la. Nós a revivemos. Comemos o pão ázimo da aflição, provamos das ervas amargas da escravidão e bebemos os quatro copos do vinho da liberdade. Conheço poucas ocasiões em que a história é representada de forma tão vívida . Você se sente como se tivesse estado lá. Como parte da cerimônia, dizemos: "em cada geração, cada um de nós deve se sentir como se nós mesmos tivéssemos saído do Egito". E é o que fazemos. Em Pessach transformamos a história em memória viva. Mas por que é tão importante relembrar o que aconteceu há tanto tempo? A resposta é a própria celebração. Se quisermos valorizar e proteger a liberdade, devemos lembrar da alternativa: o pão da aflição e as ervas amargas da escravidão. Cada nova geração deve aprender agora como se lutou pela liberdade, e como ela foi penosamente conquistada. A memória é a melhor guardiã de nossa liberdade.*

Agora retorno ao bairro onde cresci, conhecido como a Colônia Africana. Bairro de negros e de judeus pobres. Minha cidade tem colinas; no alto, situam-se zonas abastadas. Meu bairro: rua Esperança (uma descida) e rua Liberdade (lá embaixo). Ao que parece, os escravos fugiam da casa grande pela rua chamada Esperança (hoje tem outro nome – rua Miguel Tostes) e se refugiavam na rua Liberdade (que cruza a rua Esperança) e adjacências. Havia clubes negros no bairro, bem como sinagogas. Meus vizinhos, descendentes de escravos, e nós respirávamos este clima. Contudo, nunca escutei qualquer referência a que eram descendentes de escravos!

Somente na vida adulta fui percebendo algo...

Bem, tornei-me psicanalista, e meu interesse pelo tema da transmissão psíquica entre gerações foi crescente nos últimos anos. Fui entendendo que tinha relação com minha história e, especialmente, com minha pré-história. Talvez um desejo de ir colocando palavras no silêncio que também rondava minha família. Não se falava das perdas trágicas da *Shoah*. Judeus e negros compartilhando um clima de silêncio a respeito do passado traumático.

Na vida adulta, aprendi que o Hino de Israel, chamado *Hatikva* e baseado num poema perdido do século XIX, significa simplesmente "esperança". Inspirei-me nele, sem saber de sua tradução...

Hatikvá – *a esperança*

Enquanto no fundo do coração
Palpitar uma alma judaica,
E em direção ao Oriente
O olhar voltar-se a Sião,
Nossa esperança
ainda não estará perdida.
Esperança de dois mil anos:
De ser um povo livre
em nossa terra,
A terra de Sião e Jerusalém.

Muitos caminhos seguem me levando para aquela simbólica esquina: Esperança e Liberdade. Ou Liberdade e Esperança.

O interesse pela teoria vincular de Isidoro Berenstein e Janine Puget, sobre a qual me debruço nos últimos anos, está atravessado pela esperança em sua raiz, mesmo sem mencioná-la explicitamente. O novo, radicalmente novo, pode e deve ser transformador. Nosso trabalho como psicanalistas está na esquina da rua Esperança.

Finalizo lembrando, com emoção, que uma paciente, às voltas com suas dificuldades para engravidar, adotou um cachorrinho ao qual "batizou", após pesquisas, com a tradução mais sonora que ela e seu marido encontraram para a palavra Esperança.

GRÁFICA PAYM
Tel. [11] 4392-3344
paym@graficapaym.com.br